愛猿奇縁

猿まわし復活の旅

村崎修二 編著

解放出版社

はじめに

村崎修二さんは、日本に中世から続き、途絶えそうになっていた大道芸「猿まわし」をよみがえらせた一人である。一九七〇年、俳優の小沢昭一さんに促され、修二さんの猿まわし復活の旅が始まる。修二さんと私の出会いも、また小沢昭一さんに導かれた。出会いから三〇年あまり、修二さんと私は、折りあらば酒を酌み交わすお付き合いとなった。修二さんの「里めぐり」の道すがら大阪に一泊して、ともに酒宴を楽しんでいる。宴席での修二さんの話は驚きの連続で、私が独り占めしていては、もったいないと思うことばかり。ぜひ執筆をと勧めてきたが、修二さんは頑なに断り続けた。それは、民俗学者・宮本常一さんとの約束があったからだ。猿まわし復活を支えた一人である宮本さんは、「六〇歳になるまで、何も書くな。それまでは猿まわしの芸に専念しなさい」と言ったそうだ。修二さんは宮本さんとの約束を頑固に守り続けていた。しかし、その約束の六〇歳もだいぶ超え、修二さんが座長を務める「猿舞座」もすでに三〇年が過ぎ、数年前から息子の耕平さんが継いで、新たな展開を見せはじめている。

一九七〇年代から始まる猿まわし復活の道のりのなかで出会った方がたと、もう一度、語り合ったらと勧めたのが今回の対談のきっかけだった。猿まわし復活を応援していた方がたのなかで、民俗学者・宮本常一さん、作家・司馬遼太郎さん、動物生態学者・今西錦司さん、歴史家・網野善彦さんらは、故人となってしまった。しかし、修二さんがお世話になった方がたが、まだそれぞれの場で活躍されている。こうした何人かの方がたに対談をお願いして訪ねることにした。その対談は、一部、雑誌『部落解放』に不定期連載された。

今回、この呼びかけに快く応じていただいた方がたの対談・鼎談をようやく一冊の本にまとめることができた。この本は、たんに猿まわし復活の書ではなく、猿を愛して、めぐる旅の「縁」を結んだ方がたとの「奇妙な縁」によって広がった世界を語り合った書である。タイトルを「愛猿奇縁」としたのはそのためである。

芸能、猿と人間、そして被差別民の文化や部落解放運動のことなど、旅芸人から見える日本文化の風景、その醍醐味を味わっていただければ幸いである。

（太田恭治）

目次

●初出一覧

対談　猿まわし芸の歴史を辿る　日本の芸能と猿まわし（「猿・縁・奇縁―対談 村崎修二が訪ねる①②／「猿まわし」を知りたい（上・下）」『部落解放』六三六号、六三七号）

対談　芸人として、表現者として生きる（「猿・縁・奇縁―対談 村崎修二が訪ねる③／表現者として生きる」『部落解放』六三八号）

対談　和太鼓と猿まわしを繋ぐもの（「猿・縁・奇縁―対談 村崎修二が訪ねる④／猿と太鼓」『部落解放』六五五号）

●関連本

布引敏雄『長州藩維新団　明治維新の水平軸』解放出版社、二〇〇九年

村崎修二／布引敏雄／太田恭治／司会＝金井宏司「座談会　猿まわし復活の旅」『部落解放』七〇五号

●装幀

森本良成

●写真提供・協力

浅野俊夫
太田恭治
金井宏司
上島敏昭
橘　芳慧
中村　脩
村崎修二
株式会社ビデオフォトサイトウ
鼓童
天理大学附属図書館
野上記念法政大学能楽研究所
米沢市上杉博物館

（50音順　敬称略）

織田紘二

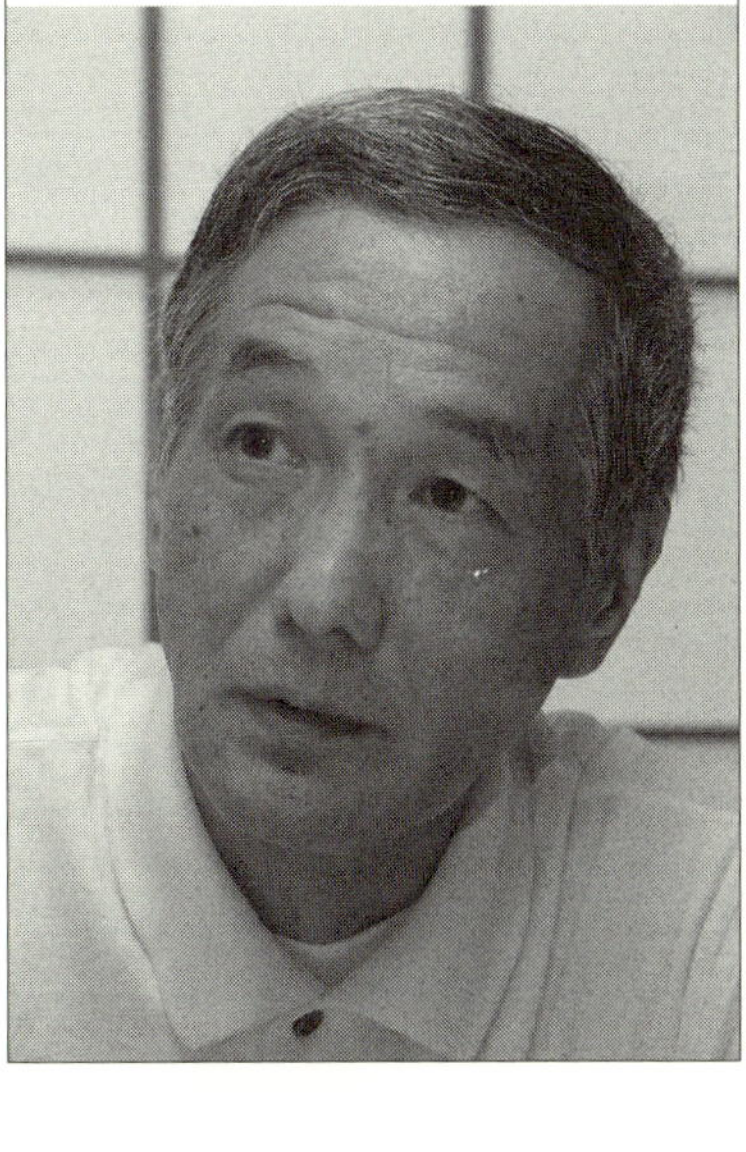

対談

猿まわし芸の歴史を辿る

日本の芸能と猿まわし

聞き手　太田恭治

村﨑修二

織田紘二　おりた　こうじ　一九四五年、北海道生まれ。一九六七年国立劇場芸能部制作室に入り、歌舞伎や新派、古典芸能の制作・演出にたずさわる。調査養成や文化デジタルライブラリー、伝統芸能情報館の立ち上げにも尽力する。元国立劇場理事。現在、同顧問。

村﨑修二　むらさき　しゅうじ　一九四七年、山口県生まれ。次兄の義正と周防猿まわしの会をつくり、消えていた猿まわしを復活させる。その後、周防猿まわしの会を脱会、一九八三年に猿舞座を立ち上げ、座長となる。伝統的な猿まわしの芸態にこだわり活動。支配関係ではなく信頼関係で芸を仕込む「本仕込み」で育てた「花猿」と旅をし、道々の芸「里めぐり」を続け日本全国を巡り歩いている。

◎——芸能、歌舞伎との出会い

太田　織田さんは、国立劇場におられますが、そこで仕事は何をされているのですか。

織田　おもに舞台をプロデュースする制作の仕事です。ぼくは一九六六年の一一月に開場した国立劇場に、六七年の一月から行ってるんですよ。ぼくの国立劇場での歌舞伎の仕事は、六七年の三月に郡司正勝*先生の手がけた鶴屋南北*の『桜姫東文章《さくらひめあずまぶんしょう》』を上演するときに助手で付くところから始まっているんです。

太田　国立劇場の開場当初から行かれたのは、ご縁があったからでしょうか。

織田　ぼくは国学院大学卒業後、早稲田の大学院へ行って郡司先生のところで勉強しよ

*郡司正勝　ぐんじ　まさかつ　歌舞伎研究家、演劇評論家。北海道生まれ、一九一三〜九八年

*鶴屋南北　つるや　なんぼく　一六九八年頃から一八五二年まで活躍した歌舞伎役者および作者の名跡。この場合は四代目

うと思っていました。ところが郡司先生がぼくに「若い人がだれもいないから国立劇場へ入れ」と言うわけですよ。歌舞伎のプロデューサーを求めているからということだったんですが、芸能なんていうものに、お上が関わっちゃいかんと、それはいまでもぼくは思ってるんですよ。とくに歌舞伎を国の劇場でやるなんていうのはね。郡司先生もそう思っておられたんだけれども。

そのころ、林屋辰三郎*先生の芸能史研究会の東京事務所は、早稲田の郡司研究室にあって、ぼくも事務局を手伝っていたんです。そういう関係もあって、先生が「どうしても国立劇場へ行け」と言うものですから、いやいやながら入りました。

太田　郡司先生のもとへ行かれる前は、どうされていたのですか。

織田　ぼくは北海道の出身で、一九六三年に大学に入るために東京に出てくるわけですけれども、大学二年生の一九歳のときに歌舞伎を初めて見ました。五月の連休に歌舞伎座の前をぶらっと通りかかって、「東京というところは、すごいなあ。大きなお風呂屋がある」と思ったんです。歌舞伎座のファサードがお風呂屋みたいだったでしょ。それで、近づいていったら歌舞伎座だとわかったんです。

暇なものだし、とにかく天気の良い日で、歌舞伎座の一幕見に入りました。これが、ぼくの運命の分かれ目というか、岐路ですね。偶然のなせるわざですけれども、歌舞伎のとりこになったんです。もう一発瞬間芸みたいなもので。それ以来、信じてるんだけども、芸能というのは、一瞬にして人の心をつかみ得るものだし、一人の人間の生涯を変える力をもってるんですね。

***林屋辰三郎**　はやしや　たつさぶろう　歴史学者、文化史家。石川県生まれ、一九一四〜九八年

◎──猿まわしを研究のテーマに

織田　休みが終わって、大学の学生課に行って「歌舞伎研究会でも、同好会でもありませんか」と聞いたら、「そんなものない」と言うんです。ＮＨＫにいらした山川静夫さんは大先輩ですが、あの方が戦後第一期の歌舞伎研究会を作り、それがつぶれて、その後、髙橋六二さんという共立女子大学の教授だった方が、もう一回作ったけど、それもいまはない。だから「君がやりたいのなら、作れ」というわけですよ。それですぐに学生会館にテーブルを出して同好の士を募り、戦後第三期の歌舞伎同好会を立ち上げたんです。

同好会では、郡司正勝先生の『かぶき入門』（社会思想社、現代教養文庫、一九六二年／現『かぶき入門』岩波現代文庫）を読んでいました。まさに名著ですけれども、むずかしい本にチャレンジしちゃったもんだから、三年間ずっと歌舞伎漬けだし、また芸能漬けの生活をしていました。

じつは同好会を作るときに指導をお願いにいったのが小笠原恭子先生*。その後、武蔵大学の教授になった方で、演劇の論文もたくさんものにしてらっしゃる方だけれども、当時は大学院の博士課程におられました。そのとき小笠原さんがぼくに、河竹繁俊*先生の『日本演劇全史』（岩波書店）を、「三回ぐらい読んでから来なさい」と言うんですよ。「基礎を学んでこい」ということでしょうね。ぼくは、すぐに図書館から借りて二回読んでから行きました。いろいろ試されたんだけど、一応、読んだばかりだからね。答えられました。それで小笠原さんに指導教官になってもらったんです。そんなことがあっ

＊**小笠原恭子**　おがさわら きょうこ　芸能史研究家、作家。東京都生まれ、一九三六年〜

＊**河竹繁俊**　かわたけ しげとし　演劇学者。長野県生まれ、一八八九〜一九六七年

＊三隅治雄　みすみ　はるお　東京国立文化財研究所に入り芸能部長、文学博士、芸能学会会長。大阪府生まれ、一九二七年〜

て指導を受け、四年生になってから小笠原さんに連れられて早稲田へ行って、郡司先生に紹介され、郡司研究室にも出入りさせていただくようになったりしたんです。

大学を卒業したら、ぼくは早稲田の大学院の演劇に行くことになってたんです。郡司先生も、それを了解してくれていたしね。だから郡司先生に卒業論文の相談をしたら、「あなたは、何に興味があるのか。歌舞伎なら、どうだ」と。

国学院には三隅治雄＊先生がいるから、民俗芸能もやってみたいし。じつは河竹先生の『日本演劇全史』のなかで、あるいはほかの演劇史のなかで、研究の薄いところがどこかというのが気になってました。そして、見つけだしたのが大道芸なんです。その部分が非常に薄い。芸能史全体の中でのボリュームもそうだし、論考そのものも少ないんです。

それで郡司先生に、「いままでの研究のなかで大道芸がいちばん薄いと思う、できたらぼくは大道芸や巷間芸とかをやってみたい」という話をしました。そしたら「それは、私も気になっていたことだし、やってみてくれ」ということになったんです。それで、大道芸の何をやろうかと考えたときに、ぼくが一番気になっていたのは猿まわしだったものだから、「猿の芸能」ということになったんです。ほんとうは別のものでもよかった。千秋萬歳《せんずまんざい》をやってもいいし、大黒舞《だいこくまい》をやってもいい。春駒《はるこま》でもよかったんですが。

太田　大道芸が薄いと……。

織田　そして、ぼくは猿まわしを入り口にして、大道芸のいろんなジャンルをやってみたかった。だからこれは、いわゆる芸能をもって生業《なりわい》とする集団というものの成立、それから組織、生活、そして芸能の中身、芸態と言っていいのかな、そういうものまで含めて、ここからずっと広げていきたかった。だけども結局、猿まわしだけで終わっちゃったんですね。これは、ぼくの怠慢のなせる業で、結局、挫折してしまいました。

太田　そんなことはないですよ。研究は深いですよ。

◎――「猿まわしじじい」になろう

織田　ただ、猿まわしというのは、ぼく以前の世代の人には学問にならんのですよ。随筆では書けるんです。いくらでも見ているし、聞いてるし、知っているわけだから。鶴屋南北も同世代の人には学問にならないのと同じです。九代目市川団十郎と五代目尾上菊五郎がいなくなってから団十郎や菊五郎の芝居を見ていた芸にうるさい年寄りのことを「団菊じじい」というわけで、団十郎と菊五郎がいるときには「団菊じじい」はいない。そういう意味では、ぼくが「猿まわしじじい」になろうとしたということだったんです。

猿まわしを知りたい。あの有名な猿まわしとは何だったのか。いったいどこから来て、どこに行ってしまったのかを知りたかったという個人的な願望が、猿まわしで卒業論文を書かせたんだと思いますね。それが原点ですよ。それ以上でもないし、それ以下でもないんです。ただ調べていくと、文献でも、資料でも、めちゃくちゃあるわけだよね。それで全体としては五〇〇枚ぐらいの卒業論文になりました。

村崎　それを大事に持っていたから、ぼくが「本にしたらいい」と勧めたら、「これはだめだ」と言ってました。

＊折口信夫　おりぐち　しのぶ　民俗学、国文学者。大阪府生まれ、一八八七～一九五三年

＊小沢昭一　おざわ　しょういち　俳優、芸能研究者、劇団「しゃぼん玉座」主宰。東京都生まれ、一九二九～二〇一二年

＊『季刊　藝能東西』　小沢昭一編、新しい芸能研究室出版、一九七五年創刊

＊『ドキュメント　日本の放浪芸』　小沢昭一が訪ねさまざまな放浪芸を収録した記録音源。一九七一年発売、現在ビクターエンタテインメントで復刻

『季刊 藝能東西』創刊号

織田　ともかく若書きの卒業論文ですから、もっと勉強して肉付けしたかったんです。

太田　なんというタイトルだったんですか。

織田　「芸人部落の系譜―猿まわしの研究」。折口信夫＊先生が創刊された『藝能』（藝能学会誌、藝能学会発行）という雑誌がいまでもあります。その『藝能』に連載していたんですよ。ぼくが卒業したのは一九六七年なので、六七年の四月号から一回一〇枚で連載は一〇回だったから一〇〇枚ぐらいにまとめて。これは、三隅先生に「卒業論文をまとめろ」と言われて要約したわけです。基本的に「芸人部落の系譜」が大きなテーマでした。その『藝能』での連載が、世に出たまとまった猿まわし研究の最初でしたね。

村﨑　猿まわし採訪記とかもありましたね。

織田　それは紀州の場合で、和歌山県貴志郡の粉河（現、紀の川市）に貴志甚兵衛という人がいて、「甚兵衛猿」という伝承があるということで、そこへ行ったこともあります。そういう採訪の経験も何カ所かありましたね。

◎――小沢昭一さんとの出会い

織田　その後、小沢昭一＊さんが『藝能』を読んで、国立劇場へぼくを訪ねてきたんですよ。それで小沢さんと二人でお茶を飲んで、雑談をしていた。小沢さんはそのころは、『季刊　藝能東西』＊の直前で、しゃぼん玉座旗上げの前で、ビクターから大道芸のレコードを出していた。あれが一段落した時期、一九七〇年頃だったと思います。

村﨑　『ドキュメント　日本の放浪芸＊　小沢昭一が訪ねた道の芸・街の芸』だね。

織田　それで「じつはね、山口県に、どうもなんかあるんですよね」と小沢さんは言う

し、ぼくも「どうしても周防というのは、気になるところで」という話を二人でしていたことがあるんです。

太田　織田さんも、ちょっと引っかかる？

織田　引っかかるんです。猿まわしのことを調べていると、どこでも山口県の話が出てくるわけですよ。ぼくが卒業論文を書いているとき、週末になると犬山（愛知県犬山市）の日本モンキーセンターの広瀬鎮*さんのところへ行ってたんです。土曜日に一番安い切符を買うと、東京駅を夜の一一時半ぐらいに出たかなあ。大垣までの鈍行で行くんですよ。日曜日に、待ってくれていた広瀬さんと話をして、また、その日に帰ってくるというような週末を何回かやったことがあるんですが、そこでも「どうも、山口がいろいろありますね」とでてくる。それで、山口県光市の高州《たかす》（現在、浅江）というところが気になっていたんです。

そんな話を小沢さんとしてましたら、ちょうどその後、小沢さんが光市へいらして村崎義正*さんと会って話が盛り上がってくる。修ちゃんはそのとき、もちろん小沢さんに会っているわけだから。あれは何年なの？

村崎　一九七〇年の一二月。いまでも忘れんけどね。ぼくは小沢さんの演劇の後輩だから。兄貴に会ったあとで「なんでここに来たのか。なんで君に頼むのか」という話ですよ。兄貴は市会議員で忙しかったこともあり、ぼくに猿まわしの調査を頼むんです。

とにかく小沢さんも、自分のこれからのことを考えていくうえで郡司先生のところへ相談に行って、放浪芸のほうをやってみたいということになった。放浪芸という言葉を最初に使ったのは郡司先生らしいんですよ。それで、これはおもしろい、ぼくも協力し

*広瀬鎮　ひろせ　しずむ　ニホンザル研究者、日本モンキーセンター学芸部長から名古屋大学教授。千葉県生まれ、一九三一～九四年

*村崎義正　むらさき　よしまさ　村崎修二の次兄、「周防猿まわしの会」初代会長。山口県生まれ、一九三三～九〇年

ようとなったのが一九七〇年。自分が気にしてるものをとにかく訪ね歩いてというのが、のちに『ドキュメント　日本の放浪芸』になる。一九七一年一月に、忙しい兄貴の代わりにぼくが昔の猿使いの人たちを集めてセッティングして、取材をする。そのときのものが『ドキュメント　日本の放浪芸』のなかに出てくるわけやけどね。

　ぼくは、そのころ山口県で部落解放運動の専任書記をしていて東京へも行ってたんです。小沢さんに調査を頼まれているから報告せないかんでしょ。東京へ行くたびに小沢さんのところにも行っていたら、「国立劇場に、猿まわしについてものすごく詳しい人がおる。君は、この人に会うておけ」と言うんで、その後に織田さんにお会いしたのが、おそらく一九七一年の暮れか。とにかく小沢さんに会った直後に織ちゃんにも会っているんだよ。

太田　東京で、初めてですか。

織田　はい、東京です。

◎——周防猿まわしの緊急調査

太田　その後、猿まわしの調査をしたときのことで思い出すことがあれば伺えるでしょうか。

織田　その調査のときの資料というのは、段ボールひとつあります。山口県光市の松屋という駅前の旅館で一九七九年の六月一七日に、丸岡忠雄*さんと、修二さんと、光市教育委員会同和教育担当の福永さんと落ち合いました。ぼくは夕方に着いて、四人で打ち合わせをして、その日の夜に名古屋から広瀬鎮さんがきて、義正さんもそこへ加わっ

＊丸岡忠雄　まるおか　ただお
詩人、部落解放同盟光支部発足に参加。山口県生まれ、一九二九〜八五年

丸岡忠雄（右）と北川鉄夫
（提供・村﨑修二）

て、調査の予備会議ですよ。これは山口県の周防猿まわし緊急調査で、一九八〇年にまとまったわけだけど、これがぼくが光市に行った最初です。

その当時のメンバーは、上野の東京文化財研究所の芸能部にいらした中村茂子*さんだとか、同じく芸能部部長の三隅治雄先生でしたから、みんな勤め人ですよ。とくにぼくなんかは、公演があるので秋になったらもう動けないから、夏のあいだに集中してやろうということで、六月、七月、八月と三月に分けてやったのが最初だったですね。

六月の予備会議のあと、七月の二〇日から二四日に第一期の調査がありました。

調査に行って、まずぼくが驚いたのは、我われ外からの人間に対して、とにかく頑なだということですよ。信じられないぐらいに鎧兜《よろいかぶと》に身を固めているようだったんです。これは、非常にショックでしたね。

それと、猿まわしという芸能の成り立ちや猿まわしの人たちの特異な感覚が、差別の問題と非常に強くからまっているように感じましたね。あそこでたくさんの人たちに会ったわけだけれども、たとえば、息子にも孫にも見せたことのない写真一枚を「金庫の中から持って来ました」と言って見せてくれたこともあった。そのときのこわばった表情には、異様なものを感じましたね。そして、その人が帰るときには、ものすごく表情が和らいでいるんですよ。何かおこりが落ちたというか、安堵したというか。

太田　そのへんは修二さん、どうですか。

村崎　それは、よくわかりますよ。ぼくや丸岡さんが「じょうげゆき*（上下行き）」の調査をするときに、まず自分らが部落の人間ということを言うんです。そのときに丸岡さんは、ほかにはわからないような、旅芸人の独特な隠語を少し入れて、おじいちゃんた

＊中村茂子　なかむら　しげこ
東京文化財研究所、芸能部、民俗芸能研究室長

＊じょうげゆき（上下行き）
猿まわしの興行で全国に稼ぎに出ること

ちに話すようにする。丸岡さんは詩人でもあるし、そのへんは感性が強かったんでしょう。

ぼくは知らんかったけど、聞き取りのなかで自分の家が猿まわしだったとわかったわけ。猿まわしのなかでも、じいちゃんが親方だったのよ。ぼくたち自身は百姓だと思ってた。ところが、訪ねていくじゃない。そしたら、ぼくが「梅たじィ（梅二郎＝村崎修二の祖父）の孫じゃから話そう」ということなんよ。それでもいま、女房が帰ってきたから、息子が帰ってきたから、「ちょっと、この話は、なし」と。「また今度、来いや」とか言われてますね。

太田　あの時代というのは、そういうものでしたね。だけど一回しゃべると、勘所がわかってくるというかね。

村崎　よう、わかるね。

◎―――子にも孫にも言えない人生

織田　熊毛（山口県熊毛郡）の若田唯夫さんという人が、一九七九年の七月二二日、松屋に写真をもってきた人なんですが、結局、この人が非常に大きなテーマを語られた。たくさんの聞き取りのなかでも、若田さんの話がことに印象が深かったですね。とにかく、我われと会って話をするということがね、ものすごく緊張するわけです。ぼくのノートの記録には、「とにかく昨日までは、ああまで構えて緊張していた若田さんが、元猿まわしの長老である小川福三郎さんもともにいてくださることでもあろうが、見違えるように明るく話してくれたことがすばらしかった」とあります。若田さんを送っていった車の中で「先生たちに聞いていただいて、気持ちが清々しました。気持ちが軽くなりました」と話され、ぼくは感動したと、ここにも書いている。「子にも孫にも、見せたことのない猿まわし時代の写真を、金庫の中から取り出してきたという若田さんの半生とはいったい何だったんだろうか。子にも孫にも言えない人生とは。猿まわしを考えるときに、ここに大きなヒントがあるんではないか」と。ほんとうに若いときの、ぼくの直接的な感想です。

　わずかながらでも心を開いてくれた若田さんに比べれば、そのときすでに何度も会っていた重岡フジ子*さんは我われに対してはほんとうに固かったからね。「頑ななままでに閉じられている。生々しいのであろう。まだ生きているのであろう。それだけに、その話は迫力があった。怖さがあったといってもいい」と、記録しています。やっぱり小周《こず》防《おう》（光市）のいろんなところで、そういう思いがずっと引き続いてましたね。

村崎　若田唯夫さんは、高森（山口県岩国市周東町）と高州のあいだの高水（山口県周南市）というところにいた小柄なおっちゃんです。ぼくも、とても世話になった。まじめな人でね。

織田　何か身に迫ってくるような怖さというか、迫力を感じたのと、一方で、五月三郎*さんに会ったときは、なんかこう気持ちが和らぐというかね。あの人は小鳥も飼っていたでしょう。

村崎　動物飼いの名人ですからね。

織田　そういう穏やかな印象があった。だから、けっして猿まわしもひとつではなかったんだけれども、みんな基本的に猿のことが好きでしたねぇ。

＊重岡フジ子　しげおか　ふじこ　戦後、夫とともに猿まわしをする。重岡フジ子・田口洋美『おんな猿まわしの記』（はる書房、一九九四年）。山口県生まれ、一九三〇年〜

＊五月三郎　さつき　さぶろう　伝統的猿まわし伝承者で村崎修二たちの師匠。山口県生まれ、一九一一〜八九年

五月三郎（提供・村崎修二）

　猿について「怖いんだ」とか「死ぬか、生きるかなんだ」とか言う人もいるんだけども、でもね、生活のためということはあるにしても、どこかで猿と心を通わさなければできない仕事なわけだから。やっぱり猿だって、嫌っている人間と生活を共にはしませんよ。それは猿だけではない。動物が自然体であればあるほど正直ですよ。

村崎　見抜きますよ。

織田　嫌いなものには、嫌いなふうにしか対処してくれないんだから。そういう意味でいえば、高い階段を越えたり、ジャンプしたりするのは、やっぱり心が通っているという……。五月さんなんかには、温かさみたいなものを感じましたね。

　キャバレーをまわっていたモンキー三平さんの板橋のお宅に、バナナを持って会いに行ったことがあるんです。猿と同じアパートの部屋に住んでいるんだ。何か老夫婦みたいな感じでね。奥さんがいなかったから、なおさらそう感じたのかもしれないけれども。

◎――猿まわしの成り立ち

太田　猿まわしについては、古い時代も含めて論文もあるんですが、どのように生まれ育ってきたのか、ちょっとだけ伺えますか。

織田　かいつまんで話をすれば、文献などに最初に見られるのは、『年中行事絵巻』*などの平安時代の絵巻物です。そのなかでは、馬屋に猿をつないでおくという描かれ方ですね。今日でもそれは見られます。こういう資料は、南方熊楠*さんがたくさん集めていらして、『十二支考』*のなかでも、猿について、たくさん記録されています。南方さん

*『年中行事絵巻』　一二世紀後半、後白河院の命により常盤光長らが制作。当時の宮廷での年中行事や民間風俗が描かれている

*南方熊楠　みなかた　くまぐす　博物学者、生物学者、民俗学者。和歌山県生まれ、一八六七～一九四一年

*『十二支考』　十二支の動物についての説話をもとに語る。南方熊楠著、平凡社、岩波文庫

が資料を提示していらっしゃるように、ビルマあたりでは、ゾウ小屋にまで猿をつなぐ習慣があった。四つ足、とくに馬の厄祓いや馬の病気を治すという役割を担う信仰として中国から伝わってきたということが、根底にあったんだと思いますね。

いわゆる芸猿のもっとも古い記録は、『吾妻鏡』*のなかに猿に着物を着せて芸をさせる記述があるんです。猿は着物を着るとか烏帽子をかぶるだけだって、たいへんいやがるものなので、これはもう素人がやれることではないわけです。そういう芸猿が立って歩きまわったりするのが何らかの形で信仰と結び付いて、馬屋のお祓いをする職業、あるいは猿に芸をさせることを職業とする人たちが生まれるのが、鎌倉時代であろうと考えられます。鎌倉時代という武家社会になると、もっとも軍事的に大事なのは、やはり馬なわけですから、馬の病気を治す、あるいは馬の厄を祓うという意味では、これは江戸時代を通して近代まで残ってきた信仰なわけです。

『年中行事絵巻』に、烏帽子をかぶって「ひたたれ（直垂）」みたいなものを着た人が、猿を連れて歩いている絵があるんだけれども、まだ芸猿というようなことではなかった時代なんだろうと思います。

中世にいたって、その猿を使う人たちが、何かの形で猿に芸を仕込むことによって、より広い厄祓いの場、「かすみ」（縄張り、テリトリーのこと）と言われた旦那場を形成していく。そして季節ごとにこの「かすみ場」をまわる。旅というほどでなくても、かすみ場をまわらなければ、正月の門付けだけでは生活ができないわけですから。そういう意味では、そのころからある程度、職業化した、猿を使う芸能者が生まれてきたんではないかと思いますね。

*『吾妻鏡』　あづまかがみ　鎌倉時代に成立した日本の歴史書

三十二番職人歌合絵巻。猿牽が描かれている（天理大学附属図書館所蔵）

『能楽図絵』月岡耕魚筆　狂言「靫猿」（野上記念法政大学能楽研究所所蔵）

これが室町時代になってくると、狂言のなかにも猿を扱った演目、「猿聟《さるむこ》」だとか「靫猿《うつぼざる》」だとかができていますので、猿まわしも室町時代には一般化してきたんではないかと考えられると思うんですね。

猿まわしがほんとうの意味で増えるのは、戦国時代から近世初頭にかけてですが、爆発的に増えるんです。これは大道芸というか、放浪芸が爆発的に増えるのと一緒ですね。

戦国時代に生活の手段としての「軍兵」をやっていた人びとが、戦がなくなってしまって、生まれた土地にも帰れないわ、就職口もないわ、ということになり、大量の流浪の民が生まれます。そしてこの流民たちが大道芸、あるいは放浪芸に類したような仕事をするようになり、たくさんの河原者と言われるような人びとが生みだされます。生きていくには、それが一番近道だったということがあるんだと思いますね。

もうひとつ、それを成り立たせた背景には、定着民の側の信仰があるんだと思います。それは網野善彦*さんなんかがおっしゃるように、流民と常民というか、定着民と流浪民の関係のなかで、定着民の信仰によりかかるのが、生きていく術《すべ》としてはもっとも近道なんです。山の民でも海の民でも同じだけれども、自分たちで狩りをする技術さえもなかったら、何をするかということなんですよ。

そのなかでも、猿まわしというのは非常に需要があったと思うんですね。需要があったから、佐竹氏*でも常陸から秋田へ移封されるときには、猿まわしの集団を持っていくんです。徳川家康が駿府から江戸城に入るときだって、十何軒かの猿屋が一緒に移住してきて、そういう集落を形成する。

＊網野善彦　あみの　よしひこ　歴史学者。山梨県生まれ、一九二八～二〇〇四年

＊佐竹氏　さたけし　室町時代以来の常陸守護の家柄。関ヶ原の合戦における挙動〈西軍に内通〉を徳川家康により咎められて出羽〈のちの羽後国〉秋田二〇万石へ移封された

小沢昭一さんは、なぜ神田にいろんな芸能者が集まってくるのかというところに注目した。考えてみたら、紀州にだって、秋田にだって、広島にだって、城下町には、みんなあるじゃないかとなった。

大和の国の猿まわしは、正月の五日かに決まって萬歳とともに宮中に参内して、「東の棗《なつめ》の庭」で猿をまわして、紅白の綱をもらってきていた。それは江戸期を通じて、ほとんど間断なくおこなわれていたという記録が『お湯殿の上の日記』*や『日次記事』*に残っている。だからそういう意味でいうと、まさに近世の巷間芸能を代表するのが、ぼくは、猿まわしと萬歳だったと思いますね。

◎――猿まわしは見立てのセンス

織田　「猿まわし」というのは、「猿」という人間に親しい媒介があっただけにその後、江戸という巨大な消費地で商売が成り立つ。浅草に猿屋があって、猿を売っている。また猿の頭部の丸焼きは、神経の病に効くと言われたので売っているとか、猿の腕を干したものを買って馬屋につるしておく風習があったとか。

村﨑　猿の腕は、最近ですが、広島にまだありました。

織田　ありましたか。そういう信仰が近世にいたって、組織化されるということと、旦那場と言われる「かすみ」がかなり広く深いところまで組織化がはかられる。それが近世を通じてずっと生き残って、明治までくるわけです。

もう一方で、芸猿は、可能性を持った芸能でもある。これはぼくの持論だけど、猿まわしというのは猿がおこなう芸能ではあるけれども、じつは猿まわしの側の芸能なんで

＊『**お湯殿の上の日記**』　おゆどののうえのにっき　宮中に仕える女官たちによって書き継がれた当番日記

＊『**日次記事**』　ひなみきじ　江戸初期、黒川道祐によって書かれた京都の年中行事。京都叢書刊行会

＊反省猿　48頁の注参照

＊「陣門組討」　じんもんくみうち　人形浄瑠璃・歌舞伎の「一谷嫩軍記（いちのたにふたばぐんき）」の名場面

すね。芸能というのは、根本的には「見立て」なんですよ。物まねから起こるということは、何かに見立てるということですから。たとえば「反省猿＊」でも、あれは猿が「反省」と思ってやっているわけじゃないんですから。

村﨑　そう、そう。休憩しているわけだから。

織田　それを「反省」とするのは、猿まわしの側のセンスであり、「猿まわし」はまわし手としての人間の芸能なんですよ。一〇なら一〇、このときには必ずこの形をする。この合図をすると、必ずこれをする。この子にとってはこれが楽だとか、やれることをどう見極めてつないでいくか。「金色夜叉」にしたり、「肉弾三勇士」にしたり、「反省」にするわけです。その筋書きを作るのが、まわし手のセンスなんです。それと、猿の性格もあるよね。

村﨑　ありますね。十人（猿）十色、それこそ、みんな違うんよ。

織田　だから、猿ができることをピックアップして、犬を馬にして「陣門組討＊」をやる。若くて二枚目の猿を平敦盛にする。この猿は大きいから熊谷直実にする、というふうにね。

歌舞伎十八番の「勧進帳」は、七代目市川団十郎が最初ですが、明治になって、九代目団十郎の許可を取らないで浅草で「勧進帳」をやっているのがある。「これはけしからん。どういうことをやってるんだか、見てこい」と。それで行って見たら「旦那、猿でした」と。「それでどうだった？」「それは結構でした」と。「猿じゃ破門するわけにもいかないし……」。こんな話が残っていますね。それくらい高度なものをやっています。まさに猿芝居というのをね。

◎――幻の猿芝居

村﨑　郡司先生は旅館の家のせがれか何かでね。

織田　郡司先生の生家は札幌のど真ん中、薄野《すすきの》の、仙台以北で最高の料亭でした。

村﨑　それで小さいときから、いろんなものを見てるのよ。明治以降、北海道は、とくに猿まわしがいっぱい行ったじゃない。郡司先生と初めてお会いしたときに、先生が「猿芝居はできませんか」と最初に言うんよ。でも、猿芝居はなかなかむずかしいんです。ぼくは、猿と人間がやるのはわかる。郡司先生の話では、猿と猿がやり、犬と猿も組み合わせてやるんだと。ぼくがびっくりしたのは、「その猿同士がやる芸能の合間に、間《あい》狂言として猫とネズミが出てくるんですよ」と言うんです。猫とネズミが、どういうことをやったかわからないけどね。

太田　間狂言で？

村﨑　郡司先生は、「ぼくの記憶にある日本の猿芝居は、すごいもんです。とにかく、あれはできませんかね」と言うから、「いや、猿もまともにできんのに、猫とネズミというのは、考えられませんね」という話をしたのを覚えてますよ。本人は真顔で「見た」と言ってましたね。

織田　そうでしょう。ぼくはその猫とネズミは知らないけども、「修ちゃんになんとか猿芝居を再現してほしい」と、郡司先生はよく言ってました。先生は、札幌神宮の祭りで猿まわしや猿芝居を見てるのよ。豊平川沿いに、小屋が建ち並んでた。春祭りと秋祭りは、それは見事な見せ物の観場でした。

村﨑　猿芝居に、それはこだわっていますね。宮本常一*先生でも小沢さんでも、もう一回、少年時代に見た猿芝居を見たいというのがあるんでしょうね。小沢さんの『ドキュメント　日本の放浪芸』のときには、まだ大村清さんが生きておられた。大村さんは金色夜叉の「貫一、お宮」をやってますからね。*彼が、猿芝居ができる戦後の最後の生き残りだったんですよ。

太田　インドでヒンズー教の神の物語を猿二匹でやらせているのを見ましたね。

村﨑　それはよく聞くんです。

◎――原動力は解放

織田　中国の雑伎なんかでは、猿に面を付けてる写真があるよね。郡司先生がそれを撮ってきてた。

村﨑　あれもむずかしいよね。面を付けるのも、帽子を被るのもいやがりますから。

織田　付けるのは、いやがりますよね。

太田　それを芸に仕立てていく苦労というのは、どうなんですか。

村﨑　猿飼いの基本は、猿を健康にしなきゃいけない。できるだけ家の中で慣らして飼うけども、少し大きくなったら外へ出して遊ばせないと、きれいな良い猿は育たんでしょう。そこで、まず首輪を付ける。首輪は二、三日したら慣れるんですよ。最初はガジガジ噛んでるけど、諦めるんでしょうね。それがひとつの慣れでしょう。毎日のことですから。そして首輪ができると、二番目に紐のたすきがけをする。紐をたすきがけして、首を引っぱらないようにタナ（引綱）を付ける必要がある。たすきがけは大事です

＊宮本常一　みやもと　つねいち　民俗学者。山口県生まれ、一九〇七～八一年

＊市川捷護『回想　日本の放浪芸　小沢昭一さんと探索した日々』（平凡社新書、二〇〇〇年）62～63頁、参照

よね。これは、体が絞められるので、もう、うずくまるんですよ、ボテッと。参りましたと言っているように。これはかわいそうですよ。だから「たたく」こともきついけど、猿が一番きついのは、縛られることなんです。そうとう恐怖らしい。本人たちに聞いたわけじゃないけど、態度でわかる。一日中うずくまって動かんのだもん。それで、オシッコも、ウンチも垂れ流す。

織田　脱糞するのね。

村崎　「たたく」以前ですよ。でも、外に出すためには、まず強制力です。たすきがけをしないと、たすきがけとタナ（引綱）をつなぐ金具を付けられない。我慢をさせて何年もかけて慣らして、たすきがけをし、金具を付けたらタナをつないでも首は絞まらないから、外でどんなことになっても大丈夫。

織田　何度もくり返しやれば「慣れる」というけども、それでも猿にとって自然じゃないわけだから。たすきをかけさせることを納得するのは、どこでなんだろう。

村崎　ぼくの所感で良いですか。荒仕込みだろうが和仕込みであろうが、それ以前に我われには負い目があるんですよ。拉致監禁して、小屋飼いですから。猿の要求は、小屋飼いされようが何しようが、外へ出て遊びたい。外へ出て遊べるのは最大の喜びですよ。これがエネルギーだと思うんです。小さければ小さいほど遊びたいからね。外に出そうとしたら、喜んで飛び出てきますから。しかし小屋で飼うということは強制だけど、これは逆に、また大事なんですよ。小屋に入らせたら、安心して餌もやれるし、夜は眠れるでしょう。

いま、春ちゃんというゼロ歳の雌の子どもがいるんですが、まだ小さいときから「小屋に入りなさい」というしつけをします。小屋で寝て、目が覚めたら遊びたいやん、小さいから。春ちゃんは、ぼくの手を持ったら、おやつをもらえるからね。それで「出なさい」と促す。手を持たせくれて、出れば自由にさせるということから入る。いま、春ちゃんなんかは、何も付けてませんよ。小屋に入れることから始めるんです。そういう段階がずっとあるわけ。でも、原動力は、外へ出たいということですよ。解放ですよ。外へ出て自由に遊びたかったら、たすきをかけてもらうしかない。じっとこらえて、たすきをかけてもらうまで待っているようになります。たすきをかけたとたん、飛び出すようにいさんで遊びまわります。

◎――猿を「癖づける」

織田　あんまり言ったことはないけど、歌舞伎の世界の子役の仕込み方というのは、猿まわしの仕込みと同じだなと感じる。要するに追いつめるわけですよ。子どもは、カツラや衣裳を着るのは、やっぱりいやなんだよ。

村崎　いやでしょう。子どもはとくにいやだと思うよ。同じことですよ、猿も。

織田　芸というのは、字を読むことができない年齢から、基礎を教え込まないとだめなんだね。いわゆる楽器でも、歌でも、落語でもなんでもみんなそうなんだけども、昔は字でなんかだれも覚えてないですよ。ぜんぶ口移しなの。ぜんぶ真似をさせて体で覚えさせるわけであって。そういう時期は、とにかくカツラを着けるのも、衣裳を着けるのも、もういやでいやで。

村崎　気持ちはよくわかりますよ。

織田　それでもね、子役がどうして舞台に出られるかといったら、やっぱり舞台に出てライトを浴びて、拍手をもらうからなんですよ。

村崎　猿もそうです。褒められる。

織田　そこは同じじゃないかという気が、ずっとしてたんです。

村崎　外に出られて、みんなに褒められて、それであとからご褒美でおいしいものを食べて、休める。いつも癖づけていかんとね。とにかく、それの繰り返しでしょう。猿は、外へ出るとそれは喜ぶもん。それで、また入りたがるんよ。休めるから。毎日のこともそうだけども、ずっと家にいると旅へ出たがるんよ。それで旅をあんまりやってると、今度は帰りたがる。それで一カ月も家におったら、また旅に出たがるんよ。

太田　やっぱり、そうなんだ。

村崎　それを調教とか何とかではなしに、昔の人たちは「癖づける」という言い方をしてましたよ。五月《さつき》のおじちゃんとか、その前の世代の白石竹蔵*さんも、「癖づけ」でしたね。

◎——北海道と筑豊

村崎　最近、ぼくらも、一〇年ぶりに北海道に一カ月、行ってきたんです。

織田　うちの町に行ってくれたっけね。

村崎　行きましたよ。昔、十郎*が行ったときも、郡司先生が新聞に紹介記事を書いてくれてお世話になったんです。猿舞座*のメンバーの女房は、ぜんぶ北海道出身ですよ。

織田　ぼくの実家は夕張線と室蘭線の分岐点で、「追分」という鉄道の町だったけど。

＊白石竹蔵　しらいし　たけぞう　伝統的猿まわしの伝承者のなかで最長老、屈指の名人だった。村崎修二たちの師匠。愛媛県生まれ、一八八九〜一九八三年

＊瀬川十郎　せがわ　じゅうろう　猿まわし、元猿舞座のメンバー。山口県生まれ、一九五九年〜

＊猿舞座　さるまいざ　一度途絶えかけた猿まわしを復活させ、山口県岩国市を拠点に全国を旅する一座。一九八三年に昔から続く本仕込みの伝承を掲げ、村崎修二が仲間とともに結成

白石竹蔵（提供・村崎修二）

その後、お袋に猿まわしの話を聞いたら、「よく来てた。猿まわしが来たときには、椿油か大島紬も売りに来てた。あれが一緒だったのかい」と言われたことがある。駅前の旅館に泊まってたそうだけども。

村﨑　そう、そう。セットですよ。我われの最後の師匠である白石のじいちゃんが、北海道をぜんぶまわるという志を立てて、住みかを拠点に一六年間でまわっていたんです。夕張とか美唄とか。何カ所か自分の住みかを変えてるけどね。「昔の人が歩いとる道を、もう一回歩け」という宮本先生たちから出された宿題でもあったので、その白石のじいちゃんの旅のあと追いをしてきました。北海道のニシン場にも行ってましたよ。昔のニシン場の跡が留萌のさきに残ってるんです。跡というか、一軒のニシン場が巨大な木造の建築でね。そこに居たおじいちゃんたちに聞いた話だと、「富山だとか他県からみんな働きに来とった」ということだから。

織田　筑豊もそうでしょ。

村﨑　そうです。筑豊に住みついた上野英信*さんに、ぼくらが最初に世話になるわけですから。

太田　春駒にしても、みんな行くんですよ。

村﨑　芸人はね、北海道と筑豊は特別ですよ。みんな必ず生きていけるから。

織田　それと、季節にかかわりなくまわれたとこだよね。

村﨑　そうなんよ。行きゃあ、一年中おれるわけです。炭鉱地帯とニシン場は、芸能に対する要求があるわけよ。むしろ、農家のほうは、よっぽど準備をしていかんとむずかしい。

＊上野英信　うえの　えいしん　記録文学作家。山口県生まれ、一九二三〜八七年

◎――甲州の猿曳き

太田　今日は山梨でお話を伺っていますが、賤民史から見ても甲州は猿曳きが多いんですよ。いま、その実態がないわけですけども。

村崎　網野善彦さんがかかわってきだしてから、網野さんの仲間が資料を引っ張り出してきた。やっぱり、武田（甲斐の守護大名・戦国大名）の関係の猿使いが圧倒的に多いですね。

織田　このへんの猿の生息は、どうなんだろう。

村崎　めちゃめちゃ多いよ、数が。

織田　それもあるんじゃないですかね。

村崎　調査をしていないだけであって。ぼくはある意味、猿が教えてくれるから。行ってすぐ猿の群れに会える頻度で、だいたいわかるんですよ。この富士川流域というのは、日本屈指の猿の生息地ですよ。

織田　熊野はどうですか。

村崎　熊野はすごいですよ。このあいだ、若い研究者が調べて、二〇〇群という言い方をしたけども、ぼくは「調べ直せ」と言うたんだ。熊野は、そんなもんじゃないよ。

甲州の猿まわしは、一五〇軒くらいあったんですからね。ここから、あちこち許可をもらって関八州に出てるんですよ。江戸は弾左衛門におさえられているけど、それ以外あちこちにね。それを網野さんの教え子が見つけた。

織田　出ていくのは、どのへんが多いんだろう。富士川があるんだから、東海道に出るのも近いし。

村﨑　それこそ、江戸をはずして、あとはぜんぶですよ。信州であろうが静岡であろうが。その地元にも猿使いがおるんかもしれんけど。ここのものは、たいてい行ってますね。

織田　甲州街道沿いで行けば、塩尻のほうまで行く。そこから行ったら、すぐに長野から日本海のほうに出られるわけだから。

村﨑　もちろんでしょう。甲州の猿まわしの調査について、網野さんが「あんまり急がんで、村﨑さん、もうちょっと待ちましょう」と言うてるあいだに、網野先生のほうが死んでしまって……。いまは網野さんの息子さんが手伝ってくれていますが。

◎——猿まわしは「子育て」の芸能

太田　ぜひ聞いておきたかったのは、さきほど言われた大道芸だとかはそう続かないんですが、猿まわしは続くじゃないですか。これは、猿を育てて訓練して扱わなきゃいけないという、スパンが長い仕事だからでしょうか。

織田　それと、猿まわしというのは、使う人と仕込む人が分業化してるんですよ。仕込む人は、ほとんど旅に出ないで、とにかく仕込む。その仕込み専門だって、仕込みの内容が違うと値段も違うわけだけども。綱が付けられて、旅に行ける基本的な行儀ですね。猿を小さな行李の中に入れて汽車に乗っていくんですから、少なくとも、そこで騒がれたら困るわけです。そういう行儀をちゃんと仕込まれて、とにかく立って動けるようになれば、一応お正月なんかは食える。商売になるわけですよ。

村﨑　立って歩くのと輪くぐりの芸能、あとは基本の厄除け、清めのバリエーション一〇曲さえできれば、食える。芸人群もいる。仕込み師もいる。親方もいる。親方も分業なんです。役割分担があります。

織田　それと、一番大事なのは、猿を持ってくる人がいるってことだよ。

村﨑　そう、そう。仕入れるから。

織田　仕入れ方が猿を仕入れてきて、それを仕込んで使う。仕入れる資金は親方がもつ。資本をにぎる金主がいるわけですよ。金主が、使い物になるかならないかはわからなくても、猿を買うわけです。インフルエンザにかかって、死んじゃうのもいますしね。これはもう博打です。それで、猿をいくらかで貸し与えて、その上がりを納めさせる。これは遊女屋と同じような仕組みです。

太田　「じょうげゆき（上下行き）」の話なんかで前借りで苦労している話がありますけど、なるほど。

織田　そういう分業体制が近世になると成立しています。ほかの大道芸なんかは、自分で、とにかく見よう見まねでやれる。たとえば「福俵」は、自分がコロコロと地面をころがって「福俵でござい〜」。で、「あぁ、めでたいなぁ〜」ですむわけだから。いやならやめてしまえる。猿まわしというのは、そうはいかない。猿を飼うということは、まず飼った猿に対して責任があって、放っとくわけにはいかない。アフターケアがあったということですよ。

村﨑　衣、食、住、何からかにまで、毎日だから。猿は、家族やからね。

織田　衣・食・住をまかなって一緒に暮らしていると、自ずと愛着や情が移ってくる。

そういう芸能というのは、まずないですよ。

太田 ないでしょうね。

村崎 日本の芸能のなかで「子別れ」はいっぱいあるけど、「子育て」は、猿まわしの大きな伝統であると織ちゃんが大発見するんですよ。

◎――猿まわしは商売になっていたか

太田 葛飾北斎の絵だと思うのですが、猿まわしが猿を肩に乗せて旅をする情景が描かれているものがあります。ぼく、この絵、好きなんです。

織田 そうですね、旅が成り立っている。ぼくがすごいと思うのは、たとえば江戸で猿まわしの人たちが集まって泊まれるところは、必ず猿の小屋も用意されてるわけです。ペットと一緒というホテルは、いまはよくあるけれども、以前はむずかしかった。しかし江戸時代から、猿を接近したところに置いておけるところがちゃんと用意されているぐらい、需要があったということです。それだけまた、食えたということですね。でも明治になってから以降でも、年間を通じてそれほど商売になったかどうかということなんだけどね。

村崎 いや、商売にならんでしょう。親方のこともあるけども、一人ひとりをみれば、たいへんでしょうね。だから油売りも一緒に行ったりするわけですよ。

太田 セットでね、なるほど。尾道の春駒も川魚漁とセットで移動していくんです。春駒だけでは食えないし、春駒は季節のものですから六カ月ぐらいしかもたない。だから川魚を捕って昼はそれを売り、夕方になったら春駒がまわるというのが、さきほど伺った、油と猿とがセットで来る、というやつですね。

村﨑 平均的なのは、そうです。でもぜんぶがそうではない。ピンからキリまでおるわけよ、猿使いも。

太田 近世だと、猿単独で行けてたんじゃないんですか。資料がないから、推測ですが。

◎——戦後、すべて姿を消したのは……

村﨑 信州大学の関係で、長野に一カ月ほどおったことがあるんです。それで松代へ行ったら、保育園の年寄りの先生が、「戦後、私の家の隣が猿まわしでした」と言うんです。びっくりしたんだけど、それは小沢さんもぼくも知らんわけで、だれも知らん。そういうことがあったから部落解放同盟の人が調べてくれて、その資料をこのあいだ、送ってくれたけど、猿曳きのことがいっぱい出てくるんです。善光寺の裏に猿曳きの村もあって。道具とか、いろんなものを見ると、この人たちの暮らしはどう考えても、我われと同じような感じの一人親方みたいなもんで、大企業じゃないですよ。

織田 そう、そう。とにかく高森みたいな組織化されたところは、そんなにないわけで、だいたいが個人の商売なんですね。

だけどいまになって考えると、修ちゃんたちも復活してやっている。「周防猿まわしの会」*も劇場を持ってやっている。日光猿軍団もそうだ。そうやって復活する前は、一九五五年以降、大村清さんを最後にして、猿まわしの人たちはみんないなくなってしまった。それこそ一九六五年ころには全国からすべて姿を消したのには、いろんな理由

＊**周防猿まわしの会** すおうさるまわしのかい 山口県光市を拠点に活動する猿まわしの団体。宮本常一、小沢昭一などの提唱により猿まわし芸を復活させるために、村﨑義正・修二兄弟を中心に一九七七年結成

があるんだろうけども。たとえば道交法が変わったとか、テレビの時代になったとか、娯楽の多様化があったとかいうんだけども、ほんとうのところはなんだったんだろう。

村﨑 うちで見ると、おおもとがやっぱり戦争でしょうね。ものすごい断絶やもんね。それで、残っていたのもいたけども、長くは続かなかった。その後、あと追いでぼくたちが始めるけども。大村さんなんかも、戦争の影響を受けたもん。

太田 萬歳は、戦後すぐに出てこれましたがね。

織田 組織化や細分化が進んでいて、猿という動物が介在するだけに、その担い手がいなくなったあと、復活する手間をかけるような人がいなくなり、また、そういう時代でもなくなったということが重なった、ということでしょうか。

村﨑 分業がものすごく発達した大正年間か昭和の初めぐらいにピークをむかえ、すごい猿使いがいた時代もあるんよ。ところが戦争をはさんで、戦後はこの関係や環境がないでしょう。だから、やれるところはわずかだったんです。周防高森の天神さんのすぐそばの村では、最後、一九六七年まで仲間七人ぐらいが一緒にやってました。このあいだ、能登に行ったら、何十年か前に猿まわしが来たと言うおばあちゃんが生きてるんです。一九六五年ころに高森から集団で来てる。昔は、そういう集団が何十もあったんですよ。

◎——パタッとなくなる

太田 太鼓屋は、皮を手に入れて生産し売るところまで、いまでも部落がかかわっているんです。太鼓屋というのは、いっぱい材料を蓄積しておかないといけない。だから金持ちで、皮を手に入れるルートを持っていないかぎり、太鼓屋はできないんですよ。

村崎　猿まわしの親方も、大名主でなかったら、できなかったんですよ。もとはね。

太田　解放同盟の立場で、「被差別民の芸能は差別の結果なくなったんだ」と、私も含めて若いときには言っていました。ひとつの事実はそうなんでしょう。さきほど織田さんが話された、口が重いことや隠していた写真など、そこにはいろんな卑しめられた思いがあるのでしょう。だけど、それだけですべてを語ってしまったら、この話は一面的に過ぎると思っていたところだったんです。それが猿の場合は、修二さんの推測だと戦争で遮断されたことが大きかった。戦後、持ち直そうとするけども、もう時代が違っていた、ということでしょうか。

村崎　たまたま、まだシステムを保持したチームがおったんだけど、一九六七年ぐらいでもう歳をとってくるし、引き継ぐ者もおらんかった。

太田　織田さん、これは門付け芸、大道芸に共通して言えることですけど、テレビ時代、六〇年代から社会の変化が大きくて、大道でもできなくなるとかあるんですが、萬歳もテレビのほうに人間の目がいっちゃったと言うんです。

織田　ただ、ぼくはどうもそれだけではないんじゃないかという気がしてね。近代、明治以降はとくにそうなんだけど、こういう組織化された分業制度があって、個人個人の稼業に見えるんだけども、じつは部落をあげての産業だった。そういうところが、なんで突然なくなったのか。どんなに貧しくたって、猿を食べたという話も聞かないし、急激に猿がいなくなるわけではない。道交法が、と言ったって、別に大道でやらなくたって、少なくはなってもやれるところはあるわけだしね。そうか、戦争か。大きいなあ、これは。

太田　支える基盤がなくなってしまった。

織田　パタッとなくなった？　徐々になの？

村﨑　いや、パタッとですね。白石のじいちゃんからうちの親父の話を聞くと、親方のせがれなのに、猿まわしとして大事な三〇から四〇歳ぐらいの一番やらないけんときに戦争になってできなかった。だから、うちの親父は、ほとんど戦争でつぶされた。親父がそうだったから、祖父が親方をやってたからというても、ぼくらはもう知らないんですよ。貧農で、小さい百姓をやってたぐらいの印象しかない。五月三郎さんが「お前のとこの親父は、あんまり上手じゃないほうじゃき、ユリちゃん（村﨑修二の母）の油売りがうまかったから助かったんや」って言いよったけどね。

太田　記憶にないんですか。小さいときにお父さんたちが猿をやってたという……。

村﨑　ない、ない。うちの兄弟には。

太田　義正さんにも？

織田　義正さんにもなかったろう。

◎──大道芸と戦争

村﨑　うちの親父が和歌山へ行ってる記録が出てくるんですよ。和歌山で、猿を木にくくって食堂へ入ってうどんを食べてたら、猿がヒモをほどいて逃げてしまったっていう。名前、村﨑勝正、三十何歳って、出てくるんです。ぼくが生まれてないときですよ。

織田　新聞ですか。

村崎　新聞に。その新聞を和歌山大学の先生が探して、「この猿まわしは、村崎さんの家族かな」って送ってくれたんですよ。そしたら親父やったん。「べそをかいてる猿まわし」っちゅうタイトルでね。でも、それは戦争前の話で、とにかく白石のじいちゃんや五月のおじちゃんから言わせると、戦争で仕事ができんようになったと。仕事いっさいが禁止というか、親方も含めて仕事がでけんようになった。

織田　戦争で禁止された？　戦争中の法律で？

村崎　戦時法じゃないでしょう。とにかく猿まわしは、あっちこっちでやれなくなったって言うとったけどな。

太田　大道芸も、そういうことはよく聞きます。

村崎　人を集めるじゃないですか。

太田　不埒というか、ぜんぶ止められていくのは事実ですよ。萬歳でもそうですからね。

村崎　一九三二年ぐらいまではよかったんじゃけど。それぐらいから、どんどんできなくなる。

織田　それは、法律というか、成文化された法律じゃなくても、そういう命令が全国的に出されたということがありますか？

太田　戦争に突入するころには、萬歳にしても春駒にしても、やってはいけないというふうになってきて。これではもう食えないのでやめていったのは事実ですね。ただ、法律的に成文化されていたかどうかは、わかりません。

村﨑　「ふざけるな」というのが、一番きつかったらしい。猿は、悪ふざけに見えるもんね。

太田　だから、春駒は生きられそうだったけど、萬歳は、やっぱり「ふざけるな」って言われたそうです。

織田　大衆の側の感覚に、「いま、みんなが、生きるか死ぬかでやってるときに何だ」というのはあるかもしれないけれども。

太田　法的に、国家政策としてあったのかというのは、確認しなきゃいけない。ただ、戦争で切れたのはまちがいないでしょうね。いっせいになくなってるって、みんな言いますもんね。

村﨑　だって、毎日のことなんですよ、猿まわしというのは。日常的に猿と一緒に生きてるわけやから、いったんこれが切られると、なかなかたいへんですよ。

織田　これほどもとのとおりに復するのがむずかしい仕事はないですよ。

太田　そうすると、きついし、ほかのことをしようと。

村﨑　ものすごい勢いでなくなったと思いますね。小沢さんによると、たまたま高森を調査しとったら、残党がいたんです。戦後、よく残ったと思いますよ。そこのおじちゃんに猿まわしを復興したいと頼んだ。ぼくは、その人たちのところで太鼓を習ってるんです。

太田　急激になくなっていったといういまの話は、ほんとうに大切な話で。ある種の宿題の部分もあると思いますね。

織田　そうですね。これはね。

◎――荒仕込みと和仕込み

太田　織田さんが一九八〇年に、雑誌『大塚薬報』（三三七号、一九八〇年九月号、大塚製薬）に「周防の猿まわし」というレポートを書かれましたね。猿の仕込みには、荒仕込みと本仕込みがあると聞いています。どっちがどういう問題ではないと思うんですが。たぶん織田さんがこの取材をされたころは、いわゆる荒仕込みの時期でしょうが、レポートにはそれはひとつの方法だというようなことを書いてらっしゃるんですよ。それで修二さんに聞いたら、修二さんも、そのころモヤモヤしてるものがあったようで、そのへんのことを伺いたいのですが。

織田　猿まわしを調査しながら、ずっと感じていたんだけれども、まず猿をどう見極めるのかが猿まわしや仕込み側の能力として、非常に大切だろうなということが、みんなの話を聞いてるとわかる。それから、芝居を成り立たせるというのは、猿の性格もあるだろうけども、これはぼくの造語なんだけど、荒御霊《あらみたま》と和御霊《にぎみたま》があるように、荒仕込みと和《にぎ》仕込みがあるんではないかと思ってたんですね。荒仕込みというのは、強制的で短期間で成果を得るやり方です。力ずくで、ねじふせるような荒々しい仕込み方です。

まず立たせるのがたいへんなわけですよ。竹に前の手を縛って立たせたり、前の手には何も付けないで、うしろの足には小さなわらじを履かせて、焼けた鉄板の上を歩かせると、前の手はつけられないから、どうしても立たざるを得ないとかね。それからタルの中の水につけて、どんどん水を増やしていくと溺れるから、それで立つ癖をつけさせるというようなことが伝えられてきました。

けれど、どうも、それだけでは立たないんじゃないかな。立つのに何カ月もかかると聞いていいます。五月さんなんかも、立たせるのがたいへんだったんだからね。だから、荒仕込みをすれば早く立てるのかもしれないけれども、それで立った猿は、心に大きな傷、あるいはストレスを抱えてしまうんではないだろうかと思ってね。きっとこういう仕込み方だけではないなと、あの当時から思ってましたね。本仕込み、あるいは和仕込みというか、何かもっと本格的な、猿まわしと猿が信頼関係を打ち立てられるような仕込み方があるのではないか。

ぼくがあの当時聞いて、いまでも鮮烈に覚えてる話に、高州の虹の松原の浜を、猿の綱をはずして自由に散歩させても逃げもしないし、そうして遊んでたという。これが理想なんだろうな、きっと。綱がなくても、信頼関係で結ばれてひとつの輪の中で、人間と猿とがともにある時間を過ごせる、そういう猿を「花猿」というんでしょう。その「花猿」の仕込み方が、きっとあるんじゃないかと思っていたんです。時間はかかるし、なかなかおいそれと成果が出ることではないのかもしれないけれども、そんなところを追究している修ちゃんの生き方に、ぼくは賛同できたんですね。

＊今西錦司　いまにし　きんじ
生態学者、文化人類学者、日本霊長類研究の創始者。京都府生まれ、一九〇二〜九二年

今西錦司（提供・村﨑修二）

◎——何歳の猿を手に入れるか

太田　それを受けて、修二さん、どうですか。

村﨑　じつは、すべて最初に出会った宮本常一さんのところから始まっとるんです。宮本さんと出会って、今西錦司＊さんたちとしっかり勉強して、とにかく「本仕込みのほうは残せ」ということで始めるんだけど、それが二〇年ぐらいかかってるんです。いっぱ

＊岩田山　いわたやま　京都市・岩田山自然公園の嵐山モンキーパーク

＊四手井綱英　しでい　つなひで　森林生態学者、元モンキーセンター所長。京都府生まれ、一九一一〜二〇〇九年

＊筑豊大介　ちくほう　だいすけ　猿舞座のメンバー。福岡県生まれ、一九五六年〜

左より宮本常一、村崎修二、右端が四手井綱英
（提供・村崎修二）

い問題はあって、いくつの猿を入手するかという問題は、決定的ですね。たとえばゼロ歳……。

織田　いま、猿はどこから？

村崎　岩田山＊から。四手井綱英＊先生が「継続的に研究するのに岩田山を使え」と言うんで、その宿題をやってきてるんです。

太田　いまいる春ちゃんは、どのくらいからでしたか。

村崎　たまたま雌猿が怪我をして二〇〇九年の八月にうちに来ましたけど。ぼくも初めて獣医をして、治して「春」と名付けました。長いあいだそうやけど、大介＊も、チョン平を二歳ぐらいから教えはじめた。ぼくの最初の猿、ツネキチはたまたま一歳くらいで教えはじめた。その経験があるから、いつ猿を引き取って自分が親代わりになって仕込むか、そういう問題がずっと引っかかっています。

織田　春ちゃんは、どういう経緯で？　地元で？

村崎　地元の山の中で。群れで畑に来たんでしょうけど、生まれて三カ月の雌猿が布の網に引っかかって網が首に食い込んじゃって、ちぎれかかっとったんですよ。それを役所の人が助けて。だけど治せんじゃない、死にかかっちょるし。それで「猿飼いの村崎さんに相談せい」と言われてぼくに預けることになった。ちょうど夏一カ月休業するって宣言して休んでたんです。運がいいことに、そこへその猿が来たもんじゃから、これは「やれということじゃな」と思ってね。宮本さんからの宿題がまだできてないからね。

「君らの腕やったら、半年ぐらいから飼うてみんか」という声が専門家たちからも

あったのよ。つまり荒仕込みの場合は体力がないといけんから、三歳ぐらいにならないともたないんです。また、ちょっと網がかかったぐらいで、はまりこんで死ぬようなちっちゃい猿じゃだめでしょう。それを、ずっと年齢を下げて仕込んできた。何年か前に大介が、「そろそろ半年の猿を飼うてみようと思うが、どうじゃろか」と言うから、「やってくれ」と話していた。

宮本先生が「芸は身を助けるけど、学は身を滅ぼす」と言うていたけどね。身を滅ぼすほうにも少し踏み込みながら、両方こなしてきたわけよ。芸能のこともあるけど、猿まわしの場合は、猿をどう飼うかというのが決定的だと思うね。これは「猿曳き」や「猿飼い」という名前にこだわった宮本先生が正しい。ほんとうは「猿飼い」なのよ。猿をどう飼うかなんよ。本仕込みに白石のじいちゃんが最後までこだわったのもそこなんよ。その宿題をずっとやってきて、まだ終わってないんですよね。

◎——猿まわしのこれから

織田　司馬遼太郎さん*に亡くなる前に一度会ってね。朝日新聞の文化交流会か何かのパーティーのときで、名刺を渡したら、「知ってるよ、君のことは」と。それで「今西さんからサルの学校*という話があったろう。今西さんから校長になれと言われて。君も、何かをやるはずになってたんだろう?」とか言われてね。あの「サルの学校」という今西さんの発想も依然として生きてるし、大事だと思うんだ。

村﨑　まだいろんな火が消えずに継続しています。宮本先生らは、良寛上人みたいにほのぼのと猿と遊んでいるというのが日本文化のなかで一番良い色気なんだと。そういう

***司馬遼太郎**　しば　りょうたろう　小説家、ノンフィクション作家。大阪府生まれ、一九二三〜九六年

***おサルの学校**　おさるのがっこう　今西錦司の提唱で一九八六年に始める

世界に向かって歩いてほしいというような理解のしかたが、司馬さんの言葉にも表れる。できんかもわからんけれども、そういう方向性を追究してきたんよ。

織田　一概には言えないけど、荒仕込みは、即効性はあるんだけれども、何か底の浅い芸だと思うんだよね。そりゃ、人間だって殴られりゃ痛いからね。そのときは言うことも聞くけれども、痛さを忘れると、もとの木阿弥。

村﨑　司馬さんが言うのは、宮本さんの時代には、良寛上人のような、人と猿がお互いを信頼してポッと覗き込むような芸の猿まわしを見ているから、それを君らに求めたのではないかという見解で、そっちに歩けということでしょう。「そういう色気を持ってほしい」とか、「人間として、そういう芸人であってほしい」ということではないですかね。

織田　猿の側からそれを感じさせるようなものを我われも望んでいたよね。何か猿と人間の関係がとげとげしくて、恐怖感で演じているようなのは、こっちも見ていてつらくなるんだ。

村﨑　猿は、かわいらしくて美しくてデリケートですから、猿の命をしっかりとケアしながら、いろいろするんですよ。猿飼いのあの技術は、それがものすごく大事じゃないかな。

織田　猿のストレスを猿飼いのほうが受けて立つみたいな、そういう覚悟はいるよね。猿にストレスが溜まってしまうと、どうしてもそこで事故を起こしたり、あるいは逃げ出したり。

村﨑　猿のストレスをわかるような人間にならないけんと思うんですよ。そういうふうに歳をとって。白石のじいちゃんも、「お猿さんもな、五匹ぐらい飼ってみんと、わかるもんじゃないよ。だからしっかり長生きしなさい」と言うんよ。ぼくは、猿使いと何十人と会ってるけど、白石のじいちゃんみたいに「もう一回生まれ変わっても、猿使いになりたい」と言ったのは、何人もいなかった。

太田　やっぱり、好きだった……。

村崎　猿も人間も、人が喜ぶことも好きだったんです。「これ以上の人生はない」と言うからね。宮本さんも「びっくりした」と言っていた。その宮本さんのほうが白石のじいちゃんよりさきに逝ってしまった。

織田　ぼくも、宮本さんにお目にかかったのは、最後の最後だったからね。

村崎　調査のときに、徳山かでご一緒していたんよね。

織田　宮本さんには、五月さんや白石さんなんかと共通するものがありましたよ。世間師というのか、雰囲気がね。たしかにそういう世間ときちんと交わってきた人たちという感じがしましたね。

（二〇〇九年九月　収録）

高石ともや

対談

芸人として、表現者として生きる

村﨑修二

聞き手　太田恭治

高石ともや　たかいし　ともや　一九四一年、北海道生まれ。フォークシンガー。一九六〇年代後半、日本のフォークソング創世期にメッセージフォークの旗手として日本中を歌い巡り、いまも歌い続けている。市民マラソンランナーとしても活躍。

◎——「人間はすごい猿だなあ」

太田　毎年、お二人でジョイントコンサートなどされていますが、どういうご縁なのでしょうか。

村﨑　高石さんが一九七三年に永六輔*さんと始めた宵々山《よいよいやま》コンサート（京都市円山公園音楽堂）は、京都の夏の風物詩になっとるけど、これもずっと一緒にやっているんですね。おれが高石さんを訪ねていったのは一九七二年ですから。

太田　でも、お二人のジョイントといえば、「おもしろ人間学コンサート」のように思いますが、これも出会われたころからでしょうか。

村﨑　花博がきっかけよね。一九九〇年六月、大阪「花の博覧会」に高石さんの招きで長期出演するんですよ。ちょうど、高石さんのマネージャーの榊原さんが亡くなったあと、一九八六年から一〇年近く宵々山コンサートは、やってないんですね。

高石　京大の教授たちが花博で「いのちの塔」という子どもたちを讃える塔を作ろうということになって、新潟からレリーフをもらい、それをぼくが自転車で八日間かけて大阪まで運んでいくんですよ。花博の初日について、オープニングになったんですが、そ

＊永六輔　えい　ろくすけ　元放送作家、タレント、作詞家。東京都生まれ、一九三三年～

*森繁久弥　もりしげ　ひさや　俳優。大阪府生まれ、一九一三〜二〇〇九年

*「友よ」　ともよ　作詞・作曲／岡林信康、一九六八年

の「いのちの塔」の前で、ボランティアで自分で勝手にスピーカーを置いて何時間も歌った。そのうち修二さんと「一緒にやってみない」となって始めたんです。

太田　猿まわしとフォークソングのジョイントって、どんなふうにされるんですか。

高石　修二さんは、お客さんの前に立つと一瞬で変わりますよね。そこが猿曳きなんですよ。自分は出ないで猿を出す。ぼくはいつも前に出て、この人はうしろに座る癖がある。森繁久弥*さんの言葉に「どんな偉い俳優でも、子役にはかなわない。どんな子役も猿にはかなわない」って。その猿と一緒にやってねぇ、勝てるわけないのに勝たせてくれるわけ、修二さんたちの芸で。一番最初に棒を立てて猿を登らせる。「これは、拍手しなくていい。これは野生だから」。つぎは棒に掴まらせて歩かせる。「これは訓練だから拍手」と促します。それで「猿と人間は、同じ霊長類だ。猿はしゃべれないけど、この猿はしゃべる」って言ってぼくを指す。「下の足も手だから、猿は木から落ちない。ところが人は下の手を足にして、この踵《かかと》が発達してるから、自分の好きなところへどんどん行ける。アメリカ横断をする」というような調子でどんどんすすめ、「ここが同じ霊長類でも違う」「楽器が弾けて、アメリカ大陸を四二〇〇キロ走れて、自分の言葉を持って、歌えて」「泣け、泣け。猿は泣かん、人は泣く」とか言いながら、同じ霊長類でも「猿」と「人」の違いをお客さんは笑いながら、わかってくるんですよ。

村﨑　「人間は、すごい猿だなあ」というふうに、最後にはみんな思うわけよ。最初、高石さんが三〇分くらいやって、猿が三〇分、最後に高石さんがまた三、四〇分やるんよ。それで、いよいよおれが猿を片付けて、二人で「友よ*」とか歌って締めるわけよ。「友だちは、いいなあ」って感動して終わるんです。

＊今西錦司　40頁の注参照

＊サムルノリ　韓国の伝統楽器による演奏グループ

＊反省ザル　はんせいざる　村崎太郎の相方ジロー。テレビなどで大ヒットするきっかけとなったジローの反省ポーズ

◎――「この問答を持ち込め」

太田　それは、自分たちで考えて自然に作られたスタイルですか。

村崎　もともと今西錦司＊さんと、一九八八年に「おサルの学校」という演目を作るんです。今西さんは、日本の霊長類研究の創始者なんですがね。学説やいろんなものを入れて、とにかく猿と人間の共通点や違いを明らかにしていくんだけど、そのなかにいままでの学問の成果をぜんぶ入れるんです。人間と猿の行動学とかね。就学前から大学までの教育の場に「この問答で確認できたことを持ち込め」と今西さんが言っていたのが前提にあって、そこで「おサルの学校」の公演をするわけです。それを、ともやさんは見てくれているわけですよ。その演目をして、前後をともやさんに歌ってもらうので、また違うものになる。「人間というのは、すごい猿だな」という結論になるんです。おれは、猿と人間の違いを問答で表して、それを膨らませたら、それは芸能になるでしょう。それがそのあとの「おもしろ人間学コンサート」なのよ。

「おサルの学校」が八八年の秋ごろで、少し前の八月には、長野県で伊勢大神楽やサムルノリと共同ワークショップをして、伊勢大神楽、サムルノリ＊、猿舞座の記録映像を撮ったりするんですよ。そのころ、ともやさんと再会する。「反省ザル＊」がブームになったころよね。

高石　「おサルの学校」は、娯楽のようで、娯楽でない。楽しみながら本質のようなものが見えてくるという。それでレパートリーも広がっていくしね。

一九九〇年に長崎県の島原半島の雲仙普賢岳で噴火が起きて、さあ募金を自転車で運

ぼうということになって、途中、道路でコンサートをやりながら何日もかけて行ったんです。九〇年から修二さんも一緒にやってくれた「おもしろ人間学コンサート」も、そういう動きです。自分から好きでやっているだけです。自分で太鼓叩いて街でやる。これは、「いつ、どこで」というビジネスとしての仕事ではなくて、「何日間か空けといて」というやり方なんです。儲けになるかどうかわからないことなので、うちの奥さんでなきゃマネージャーできない。

村崎　花博をきっかけに、あちこち行きましたよ。九一年には、ともやさんの案内で初めて韓国へ行くんですよ。それで金徳洙*さんと再会したり、その年の七月に「宵々山フォークミーティング」というのをやって、宵々山コンサート再開の動きが起こる。

高石　九二年にイギリス、アイルランドへ行ったのが、大きいんじゃないですか。ぼくは、アイルランドが大きかったなあ。

村崎　大きい、大きい。二人にとって革命が起こったんよ。ロンドン・コペントガーデンの大道芸人ぺぺにも感動したなあ。アイリッシュ・ダンスもね。アイルランドは衝撃でしたね。外国へ行く手引きは、いつも、ともやさんなんですよ。

*金徳洙　キム　ドクス　「サムルノリ」創始者。韓国・忠清南道大田生まれ、一九五二年〜

◎——足跡をたどって〝切り結ぶ〟

太田　九〇年代に「おもしろ人間学コンサート」を一緒にやりはじめて、いまだに続いていますよね。場所もいろんなところですか。

村崎　猿まわしがいろんなところでやるのと同じように、ともやさんも付き合ってるんです。

高石　いろんなところでやりますね。そのエネルギーがあるうちは、ほんとうの芸人だろうなぁ。島根県の江の川というところでもしましたね。

村﨑　いまから二〇年ほど前ですよ。江の川周辺をね、十日くらい二人で「里めぐり」をするんですよ。

高石　場所は、小学校もあれば、夕方に太鼓をどんどん叩いて、町の集会場でやってみたり。昔、猿まわしは、こういうふうにまわってたんだって、足跡をたどってみたりしたわけです。

太田　ともやさんはギターを持っていくんですか。

高石　ギターでも、バイオリンでも、笛でも、なんでも持っていく。大人の前でも子どもの前でも「ノー」って言いたくないから、「どんな場所でもやってやろう」と思うわけです。どんなステージでもニコッとしながらね、必死でした。このコンビだから、できた。

太田　修二さんが猿曳きの先人に教えられた究極の「里めぐり」がありますよね。たとえば村に入っていったとき、神社で猿と待っていて、そのうち子どもが遊びにくる。そしたらちょっと子どもに「親を呼んでおいで」と言っておくと、夕方ごろに親も袋に金を持って集まってきて、何となく始めるという。それを高石さんとやるわけでしょう。

高石　そう、そう。そうして〝切り結ぶ〟のが好きなんです。猿がいなくても、ギターがなくてもやる、という覚悟というか、つもりがあるんですよ。

太田　何年くらい続けるおつもりですか。

高石　離れたと思ったら、またやる。やってると思ったら、また一年いなくなる。みんな事情があるのに、こうやってつながっています。今年でも「宵々山は、今年で打ち止め」と言いながら、やっぱりオープニングはやってもらわんといかんし。

村崎　小沢昭一*さんなんかでも、そうでしょう。「もう千秋楽」と言うて、小沢さん、あれから一〇年くらいやりよる。つまり、芸人なんですよ。頼まれれば、「よし、やったろか」みたいな。

◎――表現者になりたかった

太田　高石さんは、一九六二年に立教大学文学部に入学して、そのあと舞台芸術学院*に入られていますね。

高石　ぼくが一八歳のときに、樺美智子*さんが国会のデモで亡くなられたんです。衝撃的でした。東京に出てきたとたんに、酒を飲んでいたらラジオのニュースで聞き、それが仲間のように思えるところが、政治以前に目を覚まさせられるというかな。そういう歴史的なできごとのなかにいた現実と、当時、エルビス・プレスリーとか、ロックに変わっていく音楽のパワーが、芸能界ではなく学生運動をやっていた若者のパワーになっていったという実感がいまもあるんです。歴史を振り返るのではなくて、日本の人びと運動（無名の人が無名のまま動く運動）の、あるいはフォークソングの根みたいなものですね。理屈じゃなくて、それ以前に、おれのパワーはあるんだという気持ちです。人を揺り動かす、心の奥の奥にパワーみたいなものがあって、それが舞台芸術学院につながるんです。表現者になりたかったんですね。

太田　表現者になる方法は、ほかにもあったと思うのですが、どうして舞台芸術学院を

＊小沢昭一　11頁の注参照

＊舞台芸術学院　ぶたいげいじゅつがくいん　俳優養成を目的に一九四八年創立、東京都豊島区にある専門学校

＊樺美智子　かんば　みちこ　安保闘争で死亡した大学生。東京生まれ、一九三七～六〇年

選ばれたんですか。

高石　ぼくは学生時代はアルバイトばっかりで、自分の部屋もなく住み込みで働いていました。それが思わぬ給料が入ったときに、何か商品を買うとかではなくて、どこか身につく答えが得たくて、舞台芸術学院にポンとお金を入れちゃったんです。大学は卒業してないけど、唯一、舞台芸術学院の修了証書はもらっているんですよ。芸能にかかわる表現者になりたかった、ということです。

太田　何年在籍されてたんですか。

高石　一年間。多分そこで声がガラッと変わったんでしょうね。音楽の先生に「発声というのは、体を使い、声を出し切りなさい」と言われました。突然、人前でやったときに歌になっていて、その技術が身についたのが舞台芸術学院なんですよ。それまでぼくは、歌は歌えないものだと思っていましたから。

◎――いまも生きている源流

太田　じゃあ、歌いだされたのは、舞台芸術学院を出てからですか。やっぱり東京からですよね。

高石　いや、東京時代の大学の四年間は、歌うなんて考えていませんでした。大阪へ来て、そば屋で働きながらギターを買って一人で練習していると、「ええなぁ、兄ちゃん。ええ声しとるなぁ」って、みんなが聞いてくれたんです。大阪に流れてきて、突然歌いはじめた。

歌いはじめたきっかけは、鉄筋屋で働いているときに一緒に飯場で暮らしていた相棒が少年院で覚えた歌を教えてくれて、「これはフォークソングだ」とか言ってね。自分らで演歌を作ってみたりした。だから規格に合わないわけですよ。フォークソングやってたみんなは、キングストン・トリオ*とか、PP&M*だとかをやってるときに、スキー場で覚えた「想い出の赤いヤッケ*」とか、ベトナムの歌を歌ってもだれも知らなくて、それまでのフォークソングの流れではとらえようのない世界だからなんです。

神戸六甲山のYMCAキャンプで、生まれて初めて一〇〇人くらいの前で歌って、その若者たちと一緒に山を降りて、そのままラジオ大阪へ行ったんです。だれかが「こいつの、いいフォークソングだから」と推してくれたら、パッと歌わせてくれたんですね。それが生まれて初めてのラジオなんですよ。そのときにファンレターを書いてくれた子がいてね、その後も手紙のやり取りをしていたんですが、歌の話じゃなくて人生論ばかりやっていました。この前、その人から四二年前に私が彼女に送った葉書をもらったんです。「ちゃんと返事をくれたよ」って。そんなお客さんがいまもいるわけだから、フォークの流行も何も関係なく、やり続けるしかないですよね。人が生きているギリギリのところのエネルギーでフォークソングがはじまって、聞いているほうも、そんなところがあるから支持してくれる人がいる。いまも生きているという源流ですわ。

◎――フォーク・ブームをこえて

太田　ぼくは、一九六七年に大学に入ったんですね。そのときにすでに大学で高石さんが「想い出の赤いヤッケ」を歌ってはった。衝撃的でしたね。あとから岡林信康*さんとかが出てくるのですが、ぼくにしてみれば、高石さんが最初なんです。

＊キングストン・トリオ　一九五七年アメリカで結成されたフォークソンググループ

＊PP&M　ピーター・ポール&マリーの通称。一九六一年アメリカで結成されたフォークソンググループ

＊「想い出の赤いヤッケ」　おもいでのあかいやっけ　作詞・菊池平三郎／作曲・三沢聖彦、一九六七年

＊岡林信康　おかばやし　のぶやす　フォークシンガー。滋賀県生まれ、一九四六年〜

高石　あのころは、多くの大学をまわりましたね。でも、ぼくが大学をまわっているころ、すでに東京でも関西でも何千人も集めるフォーク集団があった。

太田　その時代、岡林信康さんや中川五郎*さん、高田渡*さんなんかが出てきますけど、高石さんは、独自の動きをされてましたね。あのときは、政治運動としてのフォークソングみたいな感じがあったじゃないですか。

高石　大事なことは、政治運動も文化運動もあるんですよ。そのなかで「高石は歌が上手すぎるからフォークじゃない」とか言われたりして、何かが違ってくるんですね。フォークもブームにもなって、皆さん芸能界に入っていく。ぼくは、ギター一本でお客さんと〝切り結ぶ芸〟をしたかったんです。

　安藤鶴夫*さんというすごい人がいまして、大学の四年間は、安藤さんのような芸能評論家になりたいというのが目標だったんです。芝居も、落語も、ポピュラーも、追っかけていました。舞台の上の芸能の力というのは、自分が観客をしていて人生を変えられたから体でわかる。舞台で必死に生きる芸人たちのすごさに力をもらったんですね。それを、自分が舞台に立ったときには、お返ししなきゃいけないと思うんです。それで生まれ変われるような芸をやりたくて、この世界でプロになったから。

　フォーク・ブームになって、学生の力で日本中が沸き上がってお祭りになっていきます。お祭りというのは冷めるものなんですよ。興奮があったら、静かにならなきゃいけない。それで、また波が来る。音楽に執着したら形を変えてやればよかったんですが、やめることにしたんです。

　あのときに芸能界に入らなかったのは、ぼくと北山修*さんの二人だけだったのを、あ

***中川五郎**　なかがわ　ごろう
フォークシンガー、音楽評論家。大阪府生まれ、一九四九年〜

***高田渡**　たかだ　わたる
フォークシンガー。岐阜県生まれ、一九四九〜二〇〇五年

***安藤鶴夫**　あんどう　つるお
小説家、落語・歌舞伎評論家、演芸プロデューサー。東京都生まれ、一九〇八〜六九年

***北山修**　きたやま　おさむ
精神科医、元フォーク・クルセダーズのメンバー。兵庫県生まれ、一九四六年〜

とでわかるんですが。「レコード作るより、ステージやるより、もっと大事なのは自分の人生をキチンと創ることなんだ」というのは、北山さんの言い方です。あのときぼくは、アメリカへ行ってピート・シーガー*を深めようと思っていたら、それ以前のブルース、こうやってギターの音楽が始まったのかという田舎の音楽に出会っていくんです。その音楽をしようというのが、一九七一年に日本で結成した「ナターシャ・セブン」で、鏡に映る大きさの歌を続けようということだったんですね。

◎――歌しかない

村崎 おれは最初は、ぜんぜんフォークソングとは関係がなくてね。ともやさんがアメリカに行っているあいだに、舞台芸術学院を卒業して田舎に帰りました。劇団前進座に入れなくてね、当時。それで部落解放運動につかまるわけ。青年の集いをするんじゃが、その仕切り役になったわけよ。岡林信康さんという部落の歌を歌う人が滋賀におって、その人に歌を歌ってもらって集会を成功させようということになってね。でもおれは当時、フォークソングは、ぜんぜん知らなくて、「フォークソングって何か」ということになって、岡林さんを呼びたいと言った上田達生*が、いっぱいレコードを持ってきよったん。そのなかに「高石ともや」もあったわけよ。そのときまでおれは、フォークソングを知らんのじゃから、高石ともやも知らんのよ。大きな盤で、いろんな曲が入っていた。なぜかそのレコードだけが気になって、「こいつがいいぞ」って、この人しかいない。

太田 何という曲だったんですか。

＊ピート・シーガー アメリカのフォークシンガーでプロテストソングのパイオニア。一九一九〜二〇一四年

＊上田達生 うえだ たつお 陶芸家、フォークシンガー。山口県生まれ、一九四九年〜

村﨑　「北の国へ」とか、いろいろたくさん入っちょるんよ。

高石　ぼくは、もう終わってるんですよ。反戦歌も入ってるし、最後に「もうやめた」という歌も入ってるんですよ。

村﨑　ところがおれは、「この男がいい」と言い出して引かない。上田は、「この人は、だめだ。おれたちを相手にするような人ではない」と言うんですよ。「こいつは、フォークシンガーだろ」と言ったら「元祖だ」と答える。おれは先輩だから説教するわけよ。「運動やるんだったら長くやらなきゃだめだ。長くやるんだったら最後までやるやつがええ。この高石ともやって人を、おれはよう知らんけど、とにかくこの人の歌しかないぞ」と当時、言ってた。演出家くずれですからね、勘が働くんです。「よう口説かんのなら、おれが行く」って京都まで説得に行った。

太田　それが最初なんですね。

村﨑　おれは名刺代わりに猿まわしの研究を持って行き、「いま、小沢昭一さんと研究をしているんだ」と猿の話ばかりする。変なやつが来たなあと思ったろうけども、結局、名田庄村*に連れていってくれたんよ。

玄関に入ったらね、ものすごい大きなピート・シーガーの写真が貼ってある。おれは、そのときピート・シーガーを知らんのよ。それで開口一番、「あれは、あんたの天皇か」と言ったら、いやな顔をしたんよね。天皇は嫌いじゃったと思うよ。いまも思い出すけど、あのころ本多勝一*さんの本がズラッと並んでて、本多勝一が好きなんか、という印象が残っている。とにかく半日くらいおったんよ。話すうちに「お前は、舞芸（舞台芸術学院）か」となって、先輩、後輩だったというのがわかって、それできれいに

*名田庄村　なたしょうむら　現在、福井県おおい町。当時、高石ともやが家族と住んでいた

*本多勝一　ほんだ　かついち　ジャーナリスト。長野県生まれ、一九三二年ごろ～

決まったと思うんよ。

◎――「疲れた靴」

高石　いまだに歌しかない。なんでギター一本でやっているかというのは、「ベトナムに平和を！　市民連合」、べ平連運動の一番若手で、入ったときに小田実*さんと鶴見俊輔*さんがいるわけですよ。いろんな飲み会に出ていると、すごい連中がたくさん来て、「いいなあ、音楽ができて」とか、「歌と一緒にデモをやるべきだ」という話になって、「ああ、やっていいんだな」と思っているときに、ある日、鶴見さんがぼくの耳元で、「君の音楽は完全な芸術じゃないからいいんだよ」って。「リズムやメロディ、ハーモニーとか必要なものがいっぱいあるとき、何かが足りない。そこにあなたらしい世界ができる。不完全だから力強さが出るんだよ。それを続けなさい」と言うんです。それでぼくは、一番奥のほうにある見えない根っこを大事にする音楽をいまだにやっている。ドカンと心をぶつけて、わかる人はわかる。その最初のころに修二さんと出会っているんです。

村﨑　初めて聞いた高石ともやは、つまり、もう終わったレコードっていうか、「歌って、こういうものだ」みたいに、ぜんぶ歌っているわけよ。本人の前で言っちゃあ悪いけど、「フォークソングちゅうのは、歌の運動じゃろう。歌といったら、高石ともやは歌しかないぞ」と話していたんです。

高石　歌しかないですよ。ほかに何もないです。

村﨑　才能があるんよ。ともやさんには音楽の文学性とか、いろいろ。この人は、歌し

＊小田実　おだ　まこと　作家、平和運動家。大阪府生まれ、一九三二〜二〇〇七年

＊鶴見俊輔　つるみ　しゅんすけ　評論家、哲学者。東京都生まれ、一九二二年〜

かないから、ずうっと歌うじゃろうという読みなんよ。結局、人間の解放というか、表現者が一番自分にむいちょるというか、そっちへ行きたいんよね。おれも部落解放運動をやっていくなかで、いろんな人と出会いがあって変わってくるじゃない。それでともやさんの「疲れた靴」が、おれにとっては永遠の歌になるわけで。岡林信康さんが「チューリップのアップリケ」という靴屋の歌を歌ってるやろ。同じ靴やけど、マイナーコードとメジャーコードの違いくらいある。「疲れた靴」に出会って、自分の方向性みたいなものが見えてきて、救われるんですよ。

高石　「疲れた靴」は、エリック・アンダーソンという人が六〇年代最後に、歌ってたんです。すべての運動が下火になっていくときに、「あの運動は、あれは昔の夢だよ」って言いたくない。「かかわったやつは、みんな輝いていたよなあ」という締めくくりをつける歌と言われてね。日本でも、それをもっていないといけないと思って訳して歌ってたんです。ぼくもあの歌が頼りなんですよ。「そこから、もう一回始めよう、ぼくは死なないよ」という。

◎——宮本常一さんを潜る

太田　ぼくは、ちょうど一九七一年から七四年まで日本にいないんですよ。アメリカにいて帰ってみたら、ニューミュージックじゃないですか。「結婚しようよ」とか「神田川」でしょう。何を歌ってるんだ、お前たちは。と思ったわけですよ。

高石　それは、わかりやすいですね。

村﨑　おれはね、出発は「チューリップのアップリケ」ですからね。それが、いけんと

＊宮本常一　24頁の注参照
＊丸岡忠雄　13頁の注参照

いうわけではない。出発から「疲れた靴」までの、この一〇年ぐらいはすごかったね。七〇年代はつまり、自分を表現する、そういう人たちと出会えたというのが大きかったわけよ。そのパワーが、じつは猿まわしにつながっていくんですよ。宮本常一＊さんに会うまでは、小沢さんとおれは、猿まわしの調査人だったんよ。丸岡忠雄＊さんとの関係で宮本さんに会ったときに、「猿まわしをやれ」となったわけよ。実践者になったのは、ここを、宮本常一さんを潜《くぐ》ったからですよ。

太田　宮本常一さんとは、どういったことで、いつごろ会われたんですか。

村﨑　七七年に会うんだけど、宮本さんのところには、相談に行ったんですね。そのころ、高石さんの榊原マネージャーから「マネージャーに」って声がかかってね、迷っていたわけですよ。当時、丸岡さんという良い先輩がいて、部落問題のほかにもいつも相談に乗ってもらって、「宮本常一さんに会うとかんといけん時期になっちょる」と言われてね。それで猿まわしの調査を名刺代わりに持って行ったんです。それを宮本さんはまじめに読んで、「お前は、歌はこっちへ置いておけ」と。

◎——「じょうげゆき（上下行き）」の調査、これが大事

太田　高石さんに会って、七七年に宮本さんに会うまで歌手になりたいと思っておられたんですか。

村﨑　いや、おれは解放運動家ですからね。演出家になろうと思っていた。榊原さんは「歌手になれ」とは言わなかったんよ。おれは、村﨑修二の行くところ、みんな組織ができていたというオルガナイザーだったんです。山口県は、おれが解放同盟に入ったと

き四〇人しかいなかったんよ。おれは、一〇年で四八〇〇人の組織を作った。榊原さんには、そこを買われたんですよ。多少、歌にも理解があるしね。

高石　要するに音楽だけの人だったら、ステージだけなんだけど、運動をやる人だったら、何のために、どういうことでやるか、人集めまで意識的にされる。それとぼくらは、つながっていたいわけですよ。ぼくは歌とは関係なく、なんで動くのか、というね。

村﨑　そこが小沢昭一さんや桂米朝さんらがともやさんを評価しているところでもありますね。つまり、高石ともやは歌手だけど〝人と切り結ぶ〟から、歌う芸人だと思っている。

太田　高石さんは、そういうオルガナイザーの修二さんと一緒にやりたいと考えられたんですか。

高石　これは新しいというか、浮き草みたいな芸能界より、よっぽど動きがあると思ったんですね。

村﨑　そのころ、上田たちと山口県にフォークソングの運動を作りたいと考えちょった。詞を書いて歌う、フォークソングという文化運動をね。宮本さんのところに相談に行ったんは、猿まわしではなく歌で行ったんじゃけん。怒られたけどね。いまだから言えるけど、「フィールドフォーク」という名前は「あかん」と言われた。「フィールドフォーク？　意味がわからないじゃないか。君は運動家だろうが。運動というのは主張だ。意味のわからないことを掲げて、運動なんかできるものか」と言って、否定されました。「フィールドフォーク」の名付け親の笠木透*さんに、「そんなこと言われた」っ

＊**笠木透**　かさぎ　とおる
フォークシンガー、中津川労音の事務局長。岐阜県生まれ、一九三七年〜

て、言えないじゃない。いまだに言ってない。

高石　もう言っても大丈夫だよ。笠木さんはそのつもりでやってますから。

村﨑　つまりね、そのときは上田とフォークソングをやってるでしょう。高石さんも笠木さんも、フォークソング運動の仲間という同志的結合だから、おれは、そっちで生きようと思いはじめていたのよ。ところが宮本さんは、その文化運動がわからんと言うんですよ。名刺代わりに持っていった「じょうげゆき（上下行き）」の調査、*「これが大事だ」「お前、こっちをやれ」「小沢に会えるか」「丸岡に会えるか」という話になって、「歌はこっちに置いておけ。猿まわしのほうを本気でやれ」と言うんですよ。

＊『季刊　藝能東西』（小沢昭一編、新しい芸能研究室出版、創刊号、一九七五年）に掲載された丸岡忠雄「周防じょうげゆき考―大道芸「猿まわし」を主題に―」のこと

◎――旅を続ける

高石　歌なんて、あぶくなんですよ。ほんとうは、時代の潮流、見えない底流を表すものでありたいんですけど、こんなマスの時代になったら、生きていく本質論が見えないから。ぼく自身、生き残れば勝ちだと思っています。ニューミュージックがくたびれたとき、フォークもよかったんだな、と。長い目で浮き沈みなんかも見ながら生き残ると、残りの人生が悠々としてきますよ。生きていく本質論という意味では、猿舞座でまわっていくほうが確実な何かが見える。芸能としてぼくらは生きているというときに、猿とかかわったことで「おもしろ人間学コンサート」がやれた。子どもの前で「おじさんって、すごいんだよ」と言えるのは、猿と一緒にやったお陰です。芸能の本質は、きちっと押さえているという自信があるんですよね。

修二さん、ひとつ質問してもいいですか。まだ旅を続けるのですか。

村﨑　うん、続けたい。猿がだめになっても、まだ人と切り結べるならね。やっぱり人が好きなんだと思うんですよ。人と切り結ぶというのが。運動家でもあったじゃない。だからね、おれは人と切り結ぶ。生きてるあいだは旅をしたいし、それが一番贅沢なんですよ。

高石　そうか。一般論ですけど、よそで歌を喜ばれ、拍手される。そういう拍手がないと生きられない人は、旅を続けるんですよね。

村﨑　みんな喜んでくれたら、すぐ踊りたくなるんですよ。このあいだ、一五年ぶりに下関とか萩のほうへ行ったんよ。そしたら木喰*という坊さんが木彫仏を彫った寺があったんですよ。木喰は、そのお寺に二週間おって九体も彫っている。感動してね。木喰は、木彫仏を彫りながら旅をしていて、九一歳まで彫って歩いている。木喰は彫刻の芸人やと思うのよ。村が喜ぶわけよ、彫ったら。いま見ても、すごい木彫仏でね。だからね、ともやさんが言ったとおり、喜ばれたらね、やっぱり旅をしとうなる。また、あそこへ行って、喜んでくれんかなあ、と。

高石　「喜ばせ」も、心を清められる「喜ばせ」をやると、お客さんは信用する。木彫仏もよくないと残らない。心の奥にあるものを渡されると「よかったなあ」と空気が変わる。猿でも変わるでしょう。ただ商売の芸能じゃなくってね。そんな当たり前のことを、ずっと続けてきて、また続けていこうということですよね。

◎——芸能民として生きる

村﨑　小沢さんは、それを舞台の上で伝えようとしている。宮本常一という人に出会っ

＊**木喰**　もくじき　江戸期後期の仏教者、仏像彫刻家

てからは、「研究者ではなしに、芸能民になれ」と言うんですね。「芸能民が、部落だとかって差別をされたらおかしかろうが」というのが宮本常一さんの意見なんよ。

高石　そう、そう。そうなんですよね。

村﨑　だって、お前らは清め衆じゃないかと。百姓やおれたちでもみんな、お前らが来てくれたお陰で元気になったよと。それが、なんで差別されにゃあいけんのか。それは、絶対違うぞ、と。それは差別するほうがおかしい。尊敬されこそすれ、差別される道理はない。だから、お前は芸能民に戻れ、と反撃を計るんですよ。

高石　村が街になり、娯楽がテレビになったとき、まだ、その奥のことをいまやってる二人なんです。ものすごいぎりぎりの一番何もないところからある歌、みたいなところがあるから。その芸能で、どれくらい温まれるかというような出発点で常に往き来してるから、非常にシンプルなフォークなんですよ。

村﨑　宮本さんは、「部落解放運動は、文化運動になるべきだ」と言って、おれをそっちに引っ張っていくんですよ。それで反論できるかというと、反論できない。「お前は、乞食でいけ。乞食になるためには、芸人で、芸能民に戻るしかない」とね。

そうやって宮本さんに言われたあとに、もっと大事なことは、猿は人間をこえていくんですよ。宮本常一さんの場合は、人間がどうやって清められるか、という人間の世界なんです。ところが猿は、神様の世界なんですよ。こうなると今西錦司の世界なんよ。それは、猿と問答しはじめてから、そっちへ抜けていくんですよね。「おもしろ人間学コンサート」をしたとき、今西錦司さんに褒められたんですよ。「お前は、日本一のカウンセラーや。わしと一〇年も問答した人間は、こいつだけや」と宮本常一さんの息子に言うんですよ。それが大きかったですね。

◎――同じ時代を問答しながら生きてきた

高石　今西先生は、上過ぎてね。もう、あんまりみんなから相手にされないときに、ちょうどいい相手がみつかってよかったみたいですよ。

村崎　偉くなったら、だれも取り合わんのよ、今西さんを。ところがおれは、宮本さんに死ぬまで叱られて、「今西とこへ、お前は最近行ってないらしいやないか。許さんぞ、お前。行け」と。それで泣く泣く東京から帰った。そう言うて死んでしまったから、宮本さんが。おれは、宮本さんが死んだあとに、本気になって今西さんと問答を始めるんですよ。その猿を中心に置いてきたんじゃけど、その前に歌があってね。つまり最初に高石さんが「表現者」と言ったけど、おれも高石さんも、そういう要求をもっている。それが部落の解放とか、人間の解放とかということに、どこか深いところでつながりがあると思うんですよ。突き動かされる熱情のようなもの。いまも捨ててないからね。

二〇〇一年に佐渡で「芸能大学」をやって「おもしろ人間学コンサート」をしましたよね。

高石　宮本常一さんの追悼二〇年でしたね。一〇日間、鬼太鼓、ちょぼくり*、春駒*、つぶろさし*、など佐渡の芸能と、猿まわしの筑豊大介*、伊勢大神楽、ぼくに鼓童や高橋竹童、星野正吉、浅草雑芸団、民族歌舞団花こま、八丈太鼓など賑やかでしたよね。研究者もまじって。

村崎　あのときの舞台は、映像で撮ってありますよ。二〇〇四年に「九条の会」ができ

*ちょぼくり　180頁の注参照
*春駒　181頁の注参照
*つぶろさし　180頁の注参照
*筑豊大介　41頁の注参照

たとき、高石さんがおれにギターをくれるんですよ。いま、一生懸命やってるんですけど、なんか始まるというかね。もうちょっと、膨らませることができるかもしれない。

太田　それは、修二さんに歌えという意味ですか。

高石　いや、エネルギーがなくなったあと、歌って、やりやすいんですよ。一人でもやれるし変化球も使える。書くのは、読んでもらわないといけないけど、歌は、呼びかけられるから。

村崎　〝切り結ぶ〟という、芸人であり続けられる。つまり自分は表現者でありたかったんや。おれと高石さんは、表現者として生き続けるというか。

高石　こうやってお話してね。たとえば、これを文字にして、その後なんですよ。一曲歌ったらぜんぶそういうのが感じられて、初めて表現者なんですよ。

村崎　それはそうだ。芸が主役だ。いつも、ともやさんが膨らませてくれるんですよ。それは、同じ時代を問答しながら生きてきた。

高石　まあ、実践者同士だからね。

村崎　あのエネルギーがなかったら、猿まわしは復活していませんよ。あらためて自分のスタンスがよくわかりますね。だから、宮本さんにしても今西さんにしろ、みんなそういう人たちと問答しているところがのちに生きているわけで、結局、いまここにおるんやね。

（二〇〇九年六月　収録）

花の博覧会・いのちの塔の前で。左より高石ともや、村崎修二（提供・村崎修二）

青木孝夫

対談

和太鼓と猿まわしを繋ぐもの

村崎修二

聞き手　太田恭治

青木孝夫　あおき　たかお　一九五六年、東京都生まれ。一九七八年に、田耕を代表とする「佐渡の國 鬼太鼓座」（鼓童の前身）に入座。一九八一年、河内敏夫らと共に「佐渡國 鼓童」の創設に関わる。一九八七年より鼓童の公演活動を支える事務局の責任者を務め、一九九〇年、「鼓童」の運営母体である株式会社北前船（きたまえせん）の代表取締役に就任。

◎──出会い

太田　鼓童*と修二さんのあいだには特別な関係があるんですね。宮本常一*先生が修二さんに「猿と太鼓の復活については、まかせたぞ。たのむ」と言われたそうですね。

村﨑　森繁久弥*さんのところに、鬼太鼓座*の河内敏夫*さんなんかと一緒に森繁さんの芸能生活を祝うイベントの相談に行ってね。

青木　河内が生きていれば、もっと深い話ができたと思いますけどね。村﨑さんが一九八三年に佐渡に来られて、私はいろんなことを学びました。門付けの芸能を実践されていて、猿まわしを復活した直後でしたよね。

村﨑　そう、そう。

青木　佐渡の島内を、泊まる場所も決めないで猿まわしで巡っていらしたんですよね。その旅に当時の鼓童のメンバーも少し加えてもらって。

村﨑　カッちゃん（近藤克次*さん）とか。

＊鼓童　こどう　一九八一年に設立。当時は、佐渡國鼓童。現在の正式名称は、太鼓芸能集団鼓童

＊宮本常一　24頁の注参照

＊森繁久弥　47頁の注参照

＊鬼太鼓座　おんでこざ　一九七一年に佐渡で結成。鼓童の前身

＊河内敏夫　かわうち　としお　鬼太鼓座の旗揚げに参加し演奏者として活動。鬼太鼓座より独立した「鼓童」の初代代表となる。東京都生まれ、一九五〇～八七年

＊近藤克次　こんどう　かつじ　鬼太鼓座、鼓童を経て、一九九三年に独立。演奏者・指導者として活動。三重県生まれ。一九五八年～

青木　富田和明*さんもですよね。里めぐりの体験の場を作ってもらいました。

村﨑　おもしろかったね。永六輔*さんと中村八大*さんとおれとね、宮本先生に佐渡に行けと言われて行くんですよ。そのとき、あなたが迎えに来たんだもの。それをよく覚えている。

青木　桜祭りか何かのときに観光的に芸能が披露されるんですが、そこに無理やり、永さんと八大さんに出ていただいたんです。ピアノも何もなくて、ちっちゃなキーボードで歌ってもらったりして、皆さん、楽しんでいただいたと思います。

村﨑　一九八〇年に宮本先生が山口県の周防大島東和町で郷土大学を作るんですよ。「島の青年たちがいま、がんばって郷土大学*を立ち上げるから、とにかく来てくれ。猿まわしは鬼太鼓座と仲良くしてくれ」と言われるんです。そのときのパンフレットが残っていて、「一九八〇年一〇月。宮本常一の提唱で郷土大学が始まり、鬼太鼓座と猿まわしの公演を行う」とあります。そのとき、あなたはおらんかったでしょう。

青木　いや、すでにいたんですよ。じつは、八〇年から八一年というのは、鬼太鼓座から鼓童に移行するときでした。私が覚えているのは、宮本先生が倒れられて入院されたと連絡が入り、みんなで駆けつけたんですけど、河内が「部屋に入る人数をしぼらせてくれ」ということで、私は結局、宮本先生がお亡くなりになるまでお会いしたことがなかったんです。その後、いろんな公演で先生の故郷である周防大島へ伺ったことは何回かあります。

太田　鼓童としても、そのときは一緒に行かれていますか。

青木　行っています。郷土大学の人たちと一緒にやりはじめたころですけど。そのあと

＊富田和明　とみだ　かずあき　鬼太鼓座、鼓童、中国留学等を経て、東京打撃団の旗上げに参加。現在は独立して活動。兵庫県生まれ、一九五七年～

＊永六輔　46頁の注参照

＊中村八大　なかむら　はちだい　作曲家、ジャズピアニスト。中国青島生まれ、一九三一～九二年

＊郷土大学　きょうどだいがく　「郷土にいて郷土に学び、同時に郷土で学ぶことによって深い思索と広い視野をもつ」ことを目標に設立された。現在はNPO法人 周防大島郷土大学

ぐらいからですね。

太田　郷土大学と一緒に鼓童も活動するスタイルができていたんですね。

青木　一応はできていました。ただ、鬼太鼓座から鼓童になって、まだいろんなことがあって、やり繰りをしながら、なんとかやっていた時代ですね。

村﨑　鬼太鼓座でおれが認識してたのは、大太鼓は林英哲*さんだったんよ。河内さんは三味線もうまいんよね。

青木　三味線でしたね。

村﨑　鬼太鼓座のみんなと話しよると、宮本先生から「公演に行けなかった連中がいる。悪いけど、太鼓一台でええから英哲くんと君の猿を連れて島でやってくれないか」と電話がかかってきて、情島*に行ってくれと言うのです。雨がバンバン降るのに、英哲さんは小さい太鼓を持って毛布をかぶせて、おれは初代のツネキチを抱いて舟で行ったんよ。強烈だったね、出会いは。

青木　それは、村﨑さんが佐渡にまだいらっしゃってないころですね。いらっしゃったのはそのあとですよね。

村﨑　そのあとです。そのあと、一九八三年に永六輔さんや中村八大さんと出会うんですよ。

太田　じゃあ、宮本さんと鬼太鼓座というのは、どういう出会いなんですか。

青木　私は直接、宮本先生とお会いしてないので、伝え聞いている話ですが。宮本先生の本に感銘を受け、先生のもとを訪ねた田耕*さんが一九五〇年代に日本各地を放浪して佐渡に渡り、農業高校の教諭だった本間雅彦*先生と出会われるんです。本間先生は民俗

＊林英哲　はやし　えいてつ　鬼太鼓座、鼓童を経て、一九八二年独立。以後、ソロの和太鼓演奏のスタイルを確立。広島県生まれ、一九五二年～

＊情島　なさけじま　周防大島の隣にある防予諸島の島

＊田耕　でん　たがやす　一九七一年に佐渡で鬼太鼓座を旗揚げ。佐渡を離れた後、一九八一年に長崎で鬼太鼓座を再結成。本名は田尻耕三。東京都生まれ、一九三一年～二〇〇一年

＊本間雅彦　ほんま　まさひこ　佐渡島内の各町村の郷土史などを多数執筆。東京都生まれ、一九一七～二〇一〇年

学の勉強をされていて、大学時代の友人の高松圭吉*さんを介して宮本先生の存在も知っていました。一九五八年に、宮本先生が学会の途上で佐渡を初めて訪れたときには、本間先生が出迎えたそうです。

村﨑　本間先生と？

青木　そこから、田さんと本間先生と宮本先生がつながって、そこから、鼓童の前身となる鬼太鼓座が生まれてきたんです。年代的には一九六〇年代の終わりぐらいです。

村﨑　その関係は知らなかったんだけど、宮本先生は木下順二*さんや岡本太郎さん、下村正夫さんなど、おれらの先生や演劇仲間と仲良しで、田さんは「わらび座*」におったらしい。宮本先生は「わらび座」の顧問だったらしい。

青木　それは知らなかったですね。

太田　やっと、つながりましたね。いつも修二さんから聞かされていた、「宮本常一先生から〝猿と太鼓だけは面倒を見ろ〟と言われつづけていた」という、そのつながりがどういう人脈だったのか不思議でした。

◎――鬼太鼓座

太田　鬼太鼓座は七一年に佐渡で設立でしたね。

青木　そうですね。その前年に、佐渡の民俗芸能や文化を体験する「おんでこ座夏期学校」という催しがおこなわれたんです。

太田　その後、これに参加した若者たちを佐渡島に集めて、合宿して訓練しながら、太鼓を打ちはじめているんだというので当時話題になりましたね。

＊高松圭吉　たかまつ　けいきち　日本観光文化研究所二代目所長（初代は宮本常一）。宮本の葬儀委員長を務めた

＊木下順二　きのした　じゅんじ　劇作家、評論家。東京都生まれ、一九一四〜二〇〇六年

＊わらび座　わらびざ　民俗芸能をベースにした新しい日本の歌と踊りの創造を目指し、一九五一年、東京で創立。一九五三年より秋田県田沢湖町に拠点を置く

青木　ここで、その発端となった田さんを語らないといけないと思うんですけど、私自身は、初期のころの田さんを知らないんです。ただ、かなり雄弁家で、まぁ、あの時代ですからね。

太田　毛沢東にならって鬼太鼓座は「長征」をすると言ってみたり。

青木　そういうところに、若い人たちが惹きつけられる時代でもあったんですね。芸能を通じて、ひとつの目標なりを与えて、その時代の若い人たちを、ある意味で育てた。その成果があったことで、現在の鼓童の活動につながっているわけです。うちの大井良明*が、いま残っている唯一の「おんでこ座夏期学校」からのメンバーです。ただ、田さんは、もともと、鬼太鼓座は継続しないで「七年経ったら解散」と。同じところに一〇年とどまっていたくないと言っていたようです。「七年経ったら、一人ひとりに一億円ずつ渡して解散」みたいなことを言っていました。

村崎　お金の話？　信用せんじゃろ、そんなこと。そのころの一億円といったら一大事よ。

青木　それは田さん独特の言い方で、若い人たちは、お金がほしかったわけではなかったと思うんです。でも一生懸命に公演をやって活動の結果を出そうとしていた。一方、田さんはしだいに映画づくりに傾倒していくんですね。これがのちにさまざまな問題となって、田さんと座員とが袂を分かつ原因になっていくんです。

村崎　ちょうど一〇年後ぐらいだよね。周防大島の共同ライブが八〇年だから。実際、その後、鬼太鼓座から鼓童になっていくんですね。

青木　八一年ですね。村崎さんたちが佐渡に来るほんの少し前なんですよ。

***大井良明**　おおい　よしあき
鬼太鼓座、鼓童で、大太鼓の裏打ちなどを長年務めてきた。一九八七年、河内の死去にともない鼓童代表を務める。現在もスタッフとして在籍。東京都生まれ、一九五二年〜

上･下とも、アース･セレブレーション '90　城山コンサート（佐渡、小木町　城山公園にて／出演･鼓童、日野皓正／撮影・中村脩／提供・鼓童）

太田　修二さんが周防猿まわしの会から猿舞座へと移行するのと偶然重なるんですね。

青木　自分は高校時代に一度、佐渡の鬼太鼓座に行ってるんですよ。それというのは私、鼓童の代表だった河内の弟と同級生だったものですから当時から知っていて、佐渡にも行っていまして。

太田　青木さんは太鼓を打つプレーヤーになりたかったんですか。

青木　私の場合は、高校時代から大学にかけて、鬼太鼓座の存在を知ったんです。佐渡に遊びに行って、鬼太鼓座がやっと一歩、世に出てくる最初のころの公演のお手伝いをやったのがきっかけです。

太田　青木さんが鬼太鼓座に入られたのは？

青木　七九年ですから鬼太鼓座の終焉期でした。実際、河内に「鬼太鼓座で自分ができることがあったら、お手伝いしたい」という話をして手伝わせてもらっていました。そのころすでに、田さんから座員の気持ちがちょっと離れつつありました。

太田　そうすると、プレーヤーというよりは、活動に興味をもたれてスタッフ的なことから始められた。

青木　そうですね。私は、当時の林英哲さんが中心になっていた舞台に感動して、鬼太鼓座の仕事を手伝わせてもらったというのが始まりです。

◎――突き動かされるままに

太田　河内さんも舞台に立っていらっしゃったんですね。

青木　はい、演奏者でした。英哲さんも河内も「夏期学校」から在籍していて、林英哲さんや大井良明とともにずっと舞台に立っていました。河内は、鬼太鼓座の映画づくりのもめごとがあって、このままでは田さんと一緒にやっていくことはできない、分かれて独立していこうというときに、いちばんリーダーシップをとった人です。鼓童になってからは舞台を降りて、鼓童村を実現するために動こうと構想を練っていた。ただ、河内も大学中退して鬼太鼓座に入って、その活動のなかで運営面や会社とは何かというのを学んだ、そういうレベルなので、おそらく、いろんなことが初めての経験です。銀行でお金を借りることすら初めてで。そういうことのすべてを河内がなんとかしてきたんです。

村﨑　鬼太鼓座が終わったとき、河内がいちばん宮本先生の思いに反応するんですよ。だから、いつも河内とは話ができたわけよ。

青木　河内の場合は、思想性の部分でひとつの理念をもっていて、英哲さんは表現者としてめざすものがあったんです。

村﨑　「なんのために太鼓を叩いているのか」と英哲さんに尋ねたら、「衝撃的な音を創りたい」と。いろんな音楽を聴きよったよ、そのころは。

太田　ちなみに、そのころ藤本吉利*さんは、どうだったんだろう。

青木　田さんのすごいところは、才能のある人をぐっと引き上げて、言葉巧みに歴史に残るような人たちに育てていくんです。藤本の場合は、生まれ故郷の和知（現在、京丹波町）という所の太鼓がすごくよくて、田さんにスカウトされたんです。

村﨑　田さんは、藤本さんに太鼓打ちとしての、何かを見ていた。

青木　やっぱり英哲さんにはない、太鼓の打ち方の魅力があって。

***藤本吉利**　ふじもと　よしかず　大阪のホテルで料理人として働きながら、郷里の「和知太鼓」を同僚に教えていたところを田耕にスカウトされ、一九七二年、鬼太鼓座に入座。現在、鼓童の最年長メンバー。京都府生まれ、一九五〇年〜

太田　まさに、そうですよね。

青木　大太鼓というのは単純ですけど、ただ叩ければいいということじゃないので。大太鼓に向かって、そこで人間的な魅力をお客さんに届けられる人でなければいけない。

私は営業をしていたわけです。鬼太鼓座のころから各地のいろんな方がたに公演の主催をお願いしてまわっていました。そういう動きは、七八、七九年の時代から、何の経験もないなかでやらなきゃいけない状況でしたね。

太田　そういう素養って、あったんでしょうか。

青木　それは、わかりません。当時、大学を出ながら打ち込むものが見いだせずにいたときに、鬼太鼓座の人たち、林英哲さんや河内の生き方、舞台を見て、こういう若い人たちがいるんだと、突き動かされるような何かを感じて。それで決まっていた就職もやめて佐渡に渡ったんです。周りの人たちは心配していたと思いますけどね。ただ、自分の中でお金や将来のことよりも、別の何かを求めたんです。

◎――鼓童へ

太田　佐渡に渡ったのはいいけど、鼓童へと移行する最中じゃなかったんですか。

青木　真っ只中ですね。でも自分が感動した舞台があり、自分がこれを届けていく、いろんな方がたに伝えていきたいという気持ちが強かったですね。

太田　鼓童としてやっていくというのは、河内さんからお聞きになったんですか。

青木　解散するのか、田さんと分かれて鼓童でやっていくのか。河内は、宮本先生のお考えであり、鬼太鼓座創設の本来の目的でもある「佐渡に日本の民俗芸能や工芸を学ぶ職人村、日本海大学を作る」という構想と、「鼓童の舞台はそれを広めていくための運動体なんだ」という考えを持っていました。

太田　修二さんは、そういう事情は知っていたんですか。

村﨑　いや、そういう議論は知らない。ただ、宮本先生からも一回、その相談を受けたけれども、先生が癌で倒れられたから。先生自身と本間先生がからんでやったことでもあるし、心配だったと思うよ。先生から「とにかく行ってくれるか」と頼まれました。

いまになって思い出すんだけど、七八年に司馬遼太郎*さんのところに宮本先生に言われて応援団を頼みに行ったときに、司馬さんがいろんな話をしてくれて、「佐渡島に鬼太鼓座というのがありましてね」と言うんよ。そのときおれは、まだ鬼太鼓座を知らんかった。司馬さんもその鬼太鼓座の応援団に入っていたと、あとでわかるんだけどね。

太田　とにかく河内さんを中心にして、やっぱり宮本先生が言われたものを根っこにもちながら、自然とモノづくりと太鼓演奏を続けようとしていかれるわけですね。

青木　そうですね。河内がどのくらい宮本先生の影響を受けていたかというのは、想像するしかないんですけど。ただ、河内が最初に「鼓童村構想」というのを立ち上げて、きちんと文面に残してくれているんです。それに向かって資金を集めて、村づくりをしようという活動が始まりました。私としては、河内が残していった言葉を自分の中の基本的な理念としています。河内が亡くなったあと、その理念を形にしていこうということでずっとやってきました。

村﨑　宮本先生が生きておられたら何と言われたかね。

青木　おそらく宮本先生や本間雅彦先生がいま生きておられて、いままで私たちがやっ

＊司馬遼太郎　42頁の注参照

てきたことをご覧になったとしたら、まだ満足されないと思うんですよね。鼓童になって三〇年になるんですけど、宮本先生が常々おっしゃっていた「根をおろすことを考えようや！」ということは、曲がりなりにも佐渡から離れずにハード面としての拠点を少しずつ築くことはできたかもしれません。しかし、ものづくりと暮らしと芸能は別々ではなくすべてつながっているのだという、宮本先生や本間先生の教えのほんとうの意味を実現しているかといえば、まだまだであると感じています。

太田　村という生活を持って、それが同時に太鼓打ちであるという世界を作ろうとしたわけですね。

青木　そうです。本間先生も「太鼓がうまくなることだけで終わるな。いろんなものづくりができる人間が太鼓を打たなければいけない」と強く願っておられました。それは、いまだに正直なところ、できていないと感じます。

村﨑　じつは、究極のことなんですけどね。

◎――鼓童村

青木　三〇年というのは、それを始めるための過程だと私は思っています。まずは太鼓で暮らしが成立する。それは贅沢な暮らしではないんですが、家族を持って、子どもを育てられるような環境。旅をして帰ってきて、また、そこでつぎの旅のための準備をしたり新しいものを創り上げたり、そういう環境づくりをする村（拠点）がないと、理想論だけでは何も実現しないのではないかと。この二〇年近くは、その村づくりのことに気持ちを向けてやってきたんですね。ただ、そのときに、原点にある大事なことはやっぱり希薄になる。私自身もそうなんですけど、若いときには余裕がなかったわけです。最近になって、村﨑さんと再び出会ったりして、猿まわしの芸能の人たちが佐渡を練り歩いたときに、どういうことが起きたのかを、やっと五〇歳近くになってわかってきたぐらいで。二〇代、三〇代では、まったくわからなかったですね。

村﨑　河内さんが亡くなったよね。代わりに青木さんが事務方のトップになってから、いろんなことでたいへんだったと思いますね。

青木　あれは八七年の正月です。いまでも覚えてますけども、ちょうど年末公演が終わって冬休みに入るので、河内にどこへ行くか聞いたら、「フィリピンへ行ってくる」と聞いて大阪で別れたのが最後になったんです。フィリピンの海で亡くなったんですよね。

太田　鼓童になったというだけでもたいへんだったでしょうに。

青木　リーダーに支えられてきたわけですよね。八一年から八六年までは、その下で自分のやれることを精いっぱいやってきたんです。それが八七年に突然、河内が事故で亡くなるというのは、まったく受け入れがたいことでした。河内が運営、資金、舞台の演出すべてやっていましたから。鼓童村づくりも始まって、寄付集めも造成工事も始まっていました。私たちは何も知らされておらず、すべてを把握している河内が亡くなったものですから。もう、目の前が真っ暗というか、どうしたらいいかわかりませんでした。

村﨑　よくがんばってきたよね。

青木　八六年に当時の小木町（現在、新潟県佐渡市）が鼓童村を誘致しようということになり、土地の造成も含めてぜんぶ町がやってくれたんですよね。自分たちは八七年早々に海外公演に行くことが決まっていた。ただ、行くためのお金が銀行にもどこにもないわけですよ。亡くなった直後にそういうことぜんぶ調べたら、何もない。どうやって海外に行ったらいいのかというところから始まって、なんとかしのぎはじめたんです。

大きな問題は、村づくりをするうえでの自分たちの施設。最低限、稽古場や本部棟を作らなきゃいけないのに、そのお金さえも、当然何もないわけですよ。だから、まず河内が立ち上げて、みんなでやろうとしたことを実現するために、いま何をすべきか、もう無我夢中でしたから、どうしたか覚えてないですよ。八七年から一〇年、一五年ぐらいは、ほんとうに余裕がなかったです。

太田　そのころが、鼓童が和太鼓演奏のトップを走りはじめた時代じゃないですか。

青木　海外公演を毎年のようにやっている太鼓のグループはほかになかったので、そういう意味では、実績を作らせてもらったのは大きかったと思います。ただそれは、いまだから言えることですが、ほんとうにそのたいへんさもわからないぐらいたいへんだったかもしれません。

◎——いのちと向き合う太鼓

太田　鼓童はもう別格で、ここはちゃんとした太鼓打ちなんだと。それで、みんなが鼓童を真似して、アマチュアも増えていく時代でしたね。*

青木　まさに、そうだったですね。

太田　どこへ行っても鼓童のような太鼓がいっぱいあって。まぁ、いまだにそうなんで

＊「ふるさと創生事業」（一九八八〜八九年）で地域振興のために各市町村に対し一億円が交付され、それを活用して和太鼓を購入する動きが広がり、各地で和太鼓団体が生まれた

＊**浅野太鼓**　あさのたいこ　浅野太鼓楽器店。石川県白山市にある。二〇〇九年に創業四〇〇周年を迎えた

すけどね。

青木　それが、永六輔さんがおっしゃる鼓童の功罪だと。「罪」についてずっと苦言を言ってくださっておられます。鼓童の形だけを真似して、たくさんの人たちが太鼓や芸能の歴史を知らずにやってること自体、鼓童の責任が重いとずっと言われつづけています。その意味はすごくわかります。

太田　わかります、わかります。

青木　永さんであったり、本間先生であったり、いろんな方たちからご批判をいただきました。私たちも、太鼓の源にあるものを理解した上で太鼓の技術を磨いて舞台に立ち、人に感動を届けられる人材を育てたい。しっかりと暮らしながら太鼓や芸能を学んでほしいという思いで研修所を一九九七年から二年制にしました。

太田　太鼓づくりもその一環ですか。

青木　鼓童村というハードはある程度できましたが、自分たちの生業にしてる太鼓の源流をどう理解するか。ある意味、自分たちで太鼓の作り方も知っていないといけない。すぐにはそれができなくても、鼓童村の施設内に太鼓になるケヤキを植樹したりしてます。せめて太鼓づくりを少しでも体験しようということで、浅野太鼓＊さんにご協力いただいて、自分たちで太鼓を作らせていただいたこともありました。でも、革は作れませんから、ぜんぶ自分たちでというわけではありません。そういうことを経験しつつ、意識していくことが大事かと。

太田　それで牛も飼いはじめたというわけですね。

青木　それをそろそろやっていく時期がきたなと思いはじめましたが、私自身が勉強

不足で立ち止まることばかりです。佐渡のなかで、太鼓から実際に牛のことを考えると、牛を屠畜する場所はどうなってるのかと思ったときに、そうした場所はなくなっている。何年か前までは佐渡にも二カ所ほど残っていました。そうした地域にとってみれば、まだ差別されてる人たちがいらっしゃる。私たちはそういうこともわかって太鼓に向き合わなければいけないと思いはじめたんです。ただ、それをいま若い人たちに直接的に言っても、なかなか理解できないと思うので、自分の中で少しずつ段階を踏まえてと思っています。牧場に預かっていただくかたちですが、鼓童で牛を飼うことから始めて、その牛をさばけるかというところまで意識をもっていこうと思ってるんです。

太田　なるほど。

青木　大事にしてきた動物と向き合って、命をもらって生業にする、自分の生きる糧にするという教育の機会はなかなかありません。

太田　そうですね。

青木　どのようにして、鼓童のメンバーに意識づけができるような環境にできるかという思いで、いまやりはじめてるんですけど。ただ、本人たちが意識をもたないかぎり、私の二〇代、三〇代と同じように、ただ拒絶だけになってしまう恐れがあります。

村崎　まず、太鼓を打ちたいですからね、みんなは。

青木　それを上手に、我われの世代が少しやっている意味を、いまわからなくても、いずれわかるような環境づくりをしておこうと思ってるんです。

1990年、村崎修二が佐渡を里めぐり（撮影・中村脩／提供・鼓童）

◎——厩猿

青木　ちょっと質問したいんですが、馬と厩《うまや》のところで猿が守ってたという時代があるじゃないですか。韓国には猿がいないんですか。

村﨑　うん。いない。

青木　すると、日本の猿を韓国の人たちが厩を守るために輸入したという話は事実なんですか。

村﨑　事実です。

青木　それはいつごろの時代なんですか。

村﨑　李朝ですよ。それは、網野善彦さんのお弟子さんが資料を引っ張り出してきて。昔は日本が韓国の真似をしてて、もともとはインド、中国、朝鮮半島から来とるんだけど。生身の猿を馬のためにっていうのは、韓国にはなかったんですね。

青木　なかったみたいですね。大事な馬を猿が守るというふうになっていったのは、どういう意味なんですかね。

村﨑　それは今西錦司さんと、四手井綱英*さんと、おれとの研究というか。それは草食動物なんですよ。

青木　草食動物。仲が良いわけですね。

村﨑　臭いが一緒なんですよ。だから一日で仲良くなる。「犬猿の仲」の反対ですね。なんぼ時代が変わっても、肉食動物と草食動物はなかなかたいへんなのよ。共同生活ができないんですよ。

*四手井綱英　41頁の注参照

太田　そうか、馬も草を食う、猿もそうだ。

村﨑　牛も、馬も、鹿も、うさぎも。それはすぐに仲良くなる。猿はすぐ兄弟分と思うのかもわからん。それで、日本農家では大事な家畜である馬の守り神として猿を信仰の対象にしてたんだね。そのため昔は厩で猿を飼っていたりしていた。「厩」という字を、みんな勝手に中国の漢字を使ってるけど、中国人は「厩猿《うまやざる》」をやってないんだってね。動物を室内で飼うという文化は、北インドから始まったのではないか。つまり象小屋だ。お釈迦さんが生まれたところがあるでしょう、あのあたりらしいよ。

太田　そうそう。

村﨑　それで、「必ず、ちゃんと確認しなさい」という四手井先生の遺言なんよ。猿まわしの起源が何か。たとえば家畜の問題がある。最初に猿とつながった動物は象で、これがいちばんのポイント。それがラクダになったりするけれども、草食動物とだから仲良くなるんよ。象は暴れたらたいへんなんですよ。でも猿がいると、猿は仲間だから、おとなしくなるわけ。一緒にいると遊んでくれるし。

青木　それは仏教が影響してるんですか。インドから来るって。

村﨑　流れはどうかはわからんけどね。とにかく仏教の経典に乗って伝わってくるというのはあると思いますね。

青木　聖徳太子の名前って、別名、厩戸皇子といいますね。

村﨑　それと同じ字ですよ。

青木　一般には厩の前を通りかかったときに産まれたからだって言われているけど、何か関係があるんですかね。

村﨑　あるかもわからないですよ。つまり柳田国男さんも折口信夫さんもわからなかった世界は、じつは猿と草食動物、今西さんが行ったときにつながったんでしょう。宮本先生がつないだ。

太田　ありますね。

村﨑　宮本先生は、「文化は必ずコンビで、一じゃないんだぞ。一はまちがえる。一で行くはずはない。必ず二だ。二が始まりや」と。宮本先生はそういう思想だし、今西さんもそうだし。「一は二や、二は一なんだ」という、わけのわからん問答をするわけよ。そうやって世界観とか思想で見ていくから、いろいろ見えてくるんです。おれたちが宮本先生に言われて猿まわしを起こした。猿まわしを起こすことによって人権の問題でも貢献するけれども、猿まわし復活は、日本の文化を継続していくという意味でも、学問の理論としても非常に大事なんです。発掘して起こすべきだということに賛同した人たちが大勢応援してくれたわけでしょう。

太田　それが司馬遼太郎さんや森繁久弥さん、中村錦之助さんにまで広がりました。

村﨑　その追究すべきひとつは、この「厩猿」なんですよ。家畜の問題は世界史的な規模です。つまり、インドを起点にして、向こうの動物の群れのなかに入っていって観察していくというのは、のちにフィールドワークでもそういう調査研究のしかたを今西さんが始めるんですよ。

◎——根をおろす

青木　たしかに「神」っていう字も、右側はサルじゃないですか。

村﨑　「示す」と、「申」ですよね。

青木　これは、白川静先生が書いてらっしゃるように、猿という存在は、すべてに対して案内になるんでしょうね。

村﨑　逆にいえば、とても大事な草食動物たちと人間のあいだに猿がいて、猿が果たした役割はパイプ役でもあるから、すごく大事なんですね。小沢昭一さんと一緒に、とくに世界中の猿と猿曳きの関係を調べたんやけど、猿曳きは、アジアにもたくさんいて、南米のブラジルのほうにもちょっとあるんよ。それに北アメリカにもあるんやけど、やっぱり圧倒的にインドですね。

それこそ中尾佐助*さんって、ヒマラヤ山麓から中国西南部を経て西日本にいたる「照葉樹林帯」における文化的共通性に着目した「照葉樹林文化論」を提唱した人なんですね。中尾さんは植物学で、『栽培植物と農耕の起源』（岩波新書）という本がありますよ。そういう学問や自然観にふれると、ものの見方や世界がまるで変わるからね。おれたちはいままで植物に関心をもったことはないんよ。

太田　ないよね。

村﨑　猿飼いだったらね、猿のために環境を保護していかんと、猿が猿じゃなくなるわけよ。猿が山で食べてるものを、上手に計算してあてがっていかんと、きれいな猿を人に提供できないんです。自然と同じような猿を育てていかなきゃいかんわけよ。そうすると、植物の勉強せないけんじゃない。当たり前なんよ。

青木　鼓童はずっと村を作ってきて、できるだけ宮本先生がおっしゃったように、若い世代の、いちばんベースのところにそういうものの見方や考え方、生き方をめざしてい

＊中尾佐助　なかお　さすけ
植物学者、専門は遺伝育種学・栽培植物学。愛知県生まれ、一九一六〜九三年

かなくてはいけません。

村﨑　根を下ろすということを大事にして、植物なり動物なり、自分の身近なものに関心をもって、一緒に生きているというところをしっかり見つめたほうがよいと思う。

青木　一年に一回ですが、鼓童メンバー全員で森の手入れをしています。周囲の森の環境を改善して、切った木を薪ストーブなどに使っています。そこへまた、自分たちの道具やバチに使っている材料となる樹木を植えたりしています。それがとても大事じゃないかなと思っています。

太田　村﨑さんは、地元に猿まわしをなりわいとして生きようとする共同体があって、それが途絶えそうになるので引き継いだ。

村﨑　だいたい半農半芸なんですよね。三河萬歳でも、おれらでも、旅をするけれども、半分は農業ができるという基盤をやっぱり持っている。それは猿まわしも一緒です。

太田　良し悪しは別にして、和太鼓を祭りじゃなくて、ひとつの楽器として演奏者として生きるというのは驚異的なことですよね。鼓童で、河内さんなり青木さんたちが、生活のなかから太鼓を芸術として作っていくことをめざされたわけですが。

村﨑　旅をしながらね。でも実際には、拠点が要ります。おれは佐渡へ何十年も通うわけなんだけれども、宮本先生が「佐渡へ行け」と言ったのは、佐渡には中世以来、土地に定着する人と、半分旅をする人がおって、それが命と暮らしを守ってきた。とくに佐渡は半分が芸能で出稼ぎに行く。そういうものが日本の古い芸能を残してきたという伝統がある。「芸能の研究をするのなら、佐渡に行け。佐渡には本質的なものがある」という宮本先生独特の判断ですよね。

◎――「半芸半学でいけ」

村﨑　宮本先生は、「君は古典芸能だけど、古典芸能よりもっと古いのは自然だ」というわけよ。

青木　アニミズムの世界を含めた原始信仰のなかで自然と向き合っていて、自然が与える恵みもあるけど驚異もあるわけで。そのなかで生まれる、おそらく原始信仰や芸能だったり、太鼓もそうです。鼓童としては、そこをわかったうえで若い人たちには太鼓に向き合ってほしいし、舞台に向かってほしいんです。太鼓に限らず各地の民俗芸能を学ばせていただいていますが、その地域でのつながりや必然性を理解して大事にしないといけないので、鼓童の舞台ではもちろんアレンジはしますが、アレンジする場合でも根本をきちんと学ぶ必要があります。

村﨑　根本の基本を押さえたうえでね。

青木　それがないと形骸化して上っ面だけの舞台になってしまうんです。それだけは避けなければいけない。佐渡の芸能もいま学んでいます。そういうところから、自分たちが舞台に上がるための準備として、地域の方がたの気持ちやその背景をきちんと理解するように指導しているつもりです。

村﨑　宮本先生と今西錦司さんが猿まわしに注目したのは、芸能として歴史が古いことなどもあったけど、花猿*の存在が大きいね。花猿を仕込むのは本仕込みと言って、いまの文明の叩き仕込みではないのよ。本仕込みの方向に行かれへんか、いま、耕平*に託し

＊花猿　136～137頁の本文参照

＊村崎耕平　むらさき　こうへい　猿まわし、村崎修二の息子、猿舞座・若頭。山口県生まれ、一九七七年～

てるんだけど。つまり「半芸半学でいけ」というのは、そこから学び、学んだものを今度は発信していく。別々の問題ではない。〝芸〟と〝学〟は裏表やから両方やっていけと言われてました。

太田　「半芸半学でいけ」というのも宮本先生の言葉ですか。

村﨑　はい。宮本先生が死んだあとに、今西さんと一〇年も問答するでしょう。猿の場合やと、叩いて仕込んだらつまらない。日本人が自然といちばんよい形で獲得した本仕込みでやらんといかん。そこに共通するのは、自然と向かい合うけども、その半分は学びながら、半分はそれを活用していくというかね。昔の日本人は、猿のもっている不思議さとか、かわいさとか、怖さとか、そういう自然のもってる多様性の魅力をよく知ってて、それを伝えているはずやから。そういうものをみんなが認めてきているわけよ。それが千年続いてきた基本やから。

（二〇〇九年一二月　収録）

浅野俊夫

対談

動物心理学から見た猿まわし

聞き手　太田恭治

村崎修二

浅野俊夫　あさの　としお　一九四三年、鳥取県に生まれる。心理学、実験系心理学、行動分析学。一九六八年から一九年間、京都大学霊長類研究所のメンバー。チンパンジーの心の研究、アイ・プロジェクトで人工言語訓練分野を担当する。霊長類研究所の共同利用研究として「猿まわし」に取り組む。愛知大学文学部心理学専攻教授を経て二〇一四年四月より名誉教授。日本行動分析学会理事。

◎——出会い

太田　村崎さんとは、どのように出会われましたか。

浅野　当時、京都大学霊長類研究所の所長だった河合雅雄*さんから、猿まわしの研究を共同利用研究としてやろうという話があったんです。ぼくがチームに入ったのは、経験だけじゃなくて、動物調教ということから理論的に評価できる人も必要だったからだと思うんです。おそらく宮本常一*さんからモンキーセンター*のルートで河合さんに話があったんだと思います。

　当時の霊長類研究所*は、自らも研究しますけど、もうひとつの大きな使命は共同利用研究にありました。研究者それぞれが自分のところで猿を飼うのはたいへんだろうから、愛知県犬山市にある霊長類研究所に全国の研究者を集め、研究所で飼っている猿を共同利用して研究するというのが、設立の目的でもあったんです。毎年、共同利用研究を募集し、採用されると犬山に来て、宿泊から何から費用はぜんぶ研究所が出し、ス

＊河合雅雄　かわい　まさを　霊長類学者、理学博士。京都大学名誉教授。日本モンキーセンター所長などを歴任。兵庫県生まれ、一九二四年〜

＊宮本常一　24頁の注参照

＊モンキーセンター　公益財団法人日本モンキーセンターが運営する、世界屈指のサル類動物園

＊霊長類研究所　れいちょうるいけんきゅうじょ　霊長類に関する総合的研究をおこなう目的で、一九六七年六月一日、京都大学に附置・設立

ペースと猿とぜんぶ提供して研究できるようにするというものでした。

その一環として猿まわしの研究をすることになったんですよ。河合さんが中心になって、人類学者だとか霊長類学者とか、できるだけみんな入るようにと言われましてね。そのほうがいろんな側面から、いろんな分野の研究ができるだろうということです。猿まわしの人にも入ってもらって、これぞ猿まわしの研究というのをやろう、っていうことになったんですよね。

そのためには猿まわしの人を共同利用研究員として正式に採用しないといけない。普通は大学院生とか学位をもっている人ということになるんだけど、もう特殊技能をもってるんだからいいだろう、って話になりました。

太田　猿まわしの技が特殊技能だと判断されたんですね。

浅野　猿まわしの人たちに、きちんと共同利用研究員になっていただいて、ときどきでいいから犬山に寄って、研究所で芸を見せてくれってお願いしたんです。

太田　芸を見せるんですか。

浅野　そうです。ビデオに撮って記録して調べて、話しあって研究を進めるためにです。

太田　いつごろでしたか。

浅野　ぼくは、一九七五年から文部省在外研究員としてアメリカに留学し、七七年の終わりぐらいに日本に帰ってきました。七八年からチンパンジーの心の研究、アイ・プロジェクトを始めて、すぐに猿まわしの研究にも取りかかりました。

村﨑　ぼくは、その共同利用研究員になって、共同研究が始まって以降、一〇年ぐらい

＊今西錦司　40頁の注参照
＊中尾佐助　87頁の注参照
＊伊谷純一郎　いたに　じゅんいちろう　生態学者、人類学者、霊長類学者。鳥取県生まれ、一九二六〜二〇〇一年
＊米山俊直　よねやま　としなお　文化人類学者。奈良県生まれ、一九三〇〜二〇〇六年

のあいだ、今西錦司＊さんのところに年に二回、話しに行きよったですね。当時は中尾佐助＊さんがまだ生きていて、中尾さんとぼくは、交替で今西さんところへ行きました。高齢だった今西さんの体調があるもんやから、時間をかけてお話を伺いましたね。

太田　浅野さんは、どうして村﨑さんたちと出会われたんですか。河合さんから聞いたというのはあるけれども、今西さん経由ですか。

浅野　今西先生は、霊長類研究所にはめったに来なかったですよ。

村﨑　来んよね。

太田　村﨑さんは、なぜ今西さんと会うようになったんですか。

村﨑　宮本常一さんから「猿まわしを復活するにはいろんな協力がいる。現役では、伊谷純一郎＊さんと米山俊直＊さんという今西さんの教え子がいるから訪ねていって、知ってることをぜんぶ見せて、きちっと話をするように」と言われていました。ちょうど一九七八年です。

ところがね、伊谷さんも米山さんも、学生を連れてフィールドワークに出かけていて、大学におらん。せっかく京都まで来たのにだれにも会わないで帰ったら、また宮本さんに怒られると思ってね。そういや、宮本さんから「今西錦司」という名前を聞いていたことを思い出し、電話帳で調べてかけたら、本人がいたんですよね。それで七月に今西錦司さんと会うんですよ。

太田　じゃあ、偶然、今西先生のところに行ったということですか。

村﨑　そうですね。「宮本常一先生はご存じでしょうか」と言ったら、「よく知ってるよ」「あぁ、君か」って。向こうは知ってるんだよね。「時間はあるか。すぐ来れない

か」って言うんで、タクシーで先生のところに行ったのが初めてですよ。今西さんは『あるくみるきく』*という雑誌を持ってきて、「最近、宮本さんが猿をやりはじめてる。どういうことか、ずっと気になってたんだよ。君、ちょっと話を聞かせてくれ」と言われて、結局、五時間ぐらいいて、暗うなるまで話をしました。

　それから今西さんに、四手井綱英*さんがモンキーセンターにおるから会って、その足で宮本さんと今西さんが会えるような段取りをしなさいって言われました。その八月一五、一六日に、宮本さんが今西さんのところに行って、今西・宮本会議になる。

浅野　それは、四手井さんがモンキーセンターの所長のころだよね。

村崎　そうです。広瀬鎮*さんも、畑は違うけどもモンキーセンターの学芸部長やったから、彼もこの共同研究のグループに入るわけよ。

◎——共同研究への参加まで

浅野　研究所とモンキーセンターは、山を挟んで近くなんですよ。今西先生からモンキーセンターの四手井さんのところへいき、すぐに研究所の河合さんに話がきて、河合さんが中心になって進めた。河合さんと岩本光雄*さん、この二人は霊長類研究所設立のときにモンキーセンターからに移った人たちだから、話が早い。電話一本で通じる。岩本さんは、骨とか歩行の形態の研究が専門なんですよ。それで、河合さんから「猿まわしの人たちが猿まわしを復活しようとしている。霊長類研究所としても支援しようじゃないか」と私に話があった。「効率よくやらなきゃいかんし、科学的な知識もいるだろうから」と言われましてね。

＊『あるくみるきく』　日本観光文化研究所刊。一九六七年に宮本常一によって創刊された雑誌

＊四手井綱英　41頁の注参照

＊広瀬鎮　12頁の注参照

＊岩本光雄　いわい　みつお　人類学者、元日本モンキーセンター所長、京都大学名誉教授。福岡県生まれ、一九三〇年〜

太田　チンパンジーの研究は、もうされてたんですか。

浅野　ぼくはアメリカに行くまでは、ニホンザルの研究をやっていて、まさかチンパンジーをやるようになるとは思ってもみなかったんです。アメリカへ行くちょっと前に、室伏靖子先生*とぼくとで、『月刊言語』第七号「言語 動物 人間」（大修館書店）に「霊長類におけるコミュニケーション研究の動向」というタイトルで寄稿したんですよ。そのときに「アメリカではチンパンジーに人工言語を教えるという研究がされている」というのも紹介はしたんです。その後、ぼくがアメリカに行ってるあいだに、日本でもチンパンジーの研究をやろうという話に発展していたようで、室伏先生たちがチンパンジーの研究プロジェクトを国の科研費に申請したものが通ってたらしいんですよ。

それで、実験場面を組まなきゃいけないけど、やる人がいないので、もうすぐ浅野が帰ってくるから待っていようという話になった。日本に帰ってきたら、「科研費が待っているよ。チンパンジーはもう買ってあるから、すぐに実験をやらないかん」って言われて驚きました。それが一九七七年の終わりぐらいです。

村﨑　早かったんやね。

太田　お二人が会ったときには、チンパンジーの実験はもうされていたんですか。

浅野　ちょうど立ち上げたころです。たしか松沢哲郎*くんがまだ助手で、一緒にチンパンジーのプロジェクトを開始しました。それが一段落ついたころだと思います、「猿まわしも、やれ」って言われまして。

***室伏靖子**　むろふし　きよこ
心理学、霊長類研究所教授、立命館大学教授。京都府生まれ、一九二七年〜

***松沢哲郎**　まつざわ　てつろう　動物心理学者、霊長類学者。京都大学教授、日本モンキーセンター所長。愛媛県生まれ、一九五〇年〜

＊瀬川十郎　27頁の注参照
＊筑豊大介　41頁の注参照

◎――猿まわしの共同研究の始まり

太田　猿まわしを共同研究でやるっていうことになるんですね。猿舞座の瀬川十郎＊さんや筑豊大介＊さんたちも研究員になったの？

村崎　周防猿まわしの会の村崎義正やその息子の村崎龍雄くんやら、芸をやってた者は、みんな組み込まれました。

太田　犬山近辺に通りかかったら必ず寄って、猿の芸を見せるということですが、討論するということもあったんですか。

村崎　それもあるし、会議やいろいろな催し物、先生たちが退官するときの案内も来るんですよ。それで寄れるときには寄って一緒にやる。そしたら勉強にもなります。ずいぶん、いろんなのに出ましたよ。

上・下とも、霊長類研究所での猿の歩行訓練。下の写真・右は村崎義正（提供・浅野俊夫）

太田　実際に、猿の具体的な調教方法を伝えたりするんですか。

浅野　ずいぶん芸を記録させてもらいました。研究所の宿泊施設を使えば長期滞在もできる。また、農家を一軒借りても、やりましたね。

村﨑　それは、猿舞座のメンバーですね。

浅野　プロジェクトの終わりころに、捕まえたばっかりの猿を調教して、立つ訓練から歩く訓練まで、ぜんぶやって仕上げるまでの過程を、ぜんぶビデオに撮るっていうのを一回しました。

村﨑　カニクイザルはどうなのかということでやったけど、往生したことは覚えてますね。

浅野　しっぽがあるやつね。

村﨑　はい。これがね、ニホンザルと違うて、突然、噛みついてきたりする。なかなかむずかしい。

浅野　気性が違う。

村﨑　昔の猿つかいはね、猿が手に入らなかったりすると、カニクイザルをつこうちょるって聞いとるけど、ちょっと手に負えなかった。

浅野　共同利用研究として集中的にやったのは、一年か二年ぐらいだと思いますけどね。

◎――骨の研究

村﨑　葉山杉夫*さんていう人がいましたね。

＊**葉山杉夫**　はやま　すぎお　人類学、霊長類比較機能形態学、関西医科大学教授。大阪府生まれ、一九三二～二〇一〇年

浅野　葉山さんは、形態学のほうで入ってて、レントゲンを撮ったりね。

村﨑　当時、日本にまだ二、三台しかない精巧なレントゲン撮影機が関西医科大学にあって、猿を撮りましたよね。

浅野　研究会で、猿の直立二足歩行の訓練を何年もやっていたんですが、猿の骨の構造はどうなっとるんだと議論になって、葉山さんところで骨の写真を撮れって話になったんですよ。人間の骨って背骨がS字状に湾曲していて、骨盤につながっている。だけど普通の猿の背骨は、ただ真っ直ぐになってるだけなんですよ。そのS字状が、二足歩行する猿には出てるというんで、何か論文にしたんじゃないかな。要するに、重力に打ち勝って直立するには、骨がS字状に湾曲してクッションになっていることが非常に大事だって話なんですね。

太田　なるほど。

浅野　そういう調教された猿には、この骨の構造がある。要するに長い間やってると、少し変わってくるんだという話なんですね。

村﨑　そういう報告を葉山さんがやって、ずいぶん評価されていましたね。

◎――今西錦司さんとの問答

太田　今西さんとのことでは、どんなことを思い出しますか。

村﨑　最初、山極寿一*さんが翻訳したゴリラのことを書いたものをおれや猿つかいのみんなに渡して、「これをどう思うか。それを半年後に言え」って。

太田　感想を？

＊**山極寿一**　やまぎわ　じゅいち　人類学、霊長類学、京都大学総長。東京都生まれ、一九五二年〜

村崎　そう。うちの連中は、読んだやつがみんな泣いてしもて。「先生、みんなが泣いて、感想とか分析とか、そんなものありませんでした」って言うたら、「そうか。それで、よろしい」って言うんだよ。それで、おしまい。それが一回目。ゴリラが好きな人やったからね。それで、「君らはこの研究をどう思う?」と尋ねるんです。

それから、猿まわしのために猿を捕る猟師の調査。山の生態をよく知ってて、猿の子どもはどうやって捕ったらいいか、というのがわかるわけよ。鉄砲で撃ったり、罠をかけたりすれば、傷つく。猿まわしには使えませんからね。とにかくその猟師がつかんでる山とか自然とか生態について話してもらって、ぜんぶで二五〇本ほどビデオを撮りました。蜂なら蜂の話をしゃべったら、二日ぐらいしゃべるんだよ。山人《やまびと》やからね。猟の名人です。今西さんには「みんな一級資料になってる」って褒められました。

太田　なるほどね。研究ですか。

村崎　先生とはいろんなことをやったけど、問答をよくやりました。問答というのは、今西さんとおれとのあいだで何かテーマを決めていろんな角度からそれについて調べたり議論したりするんだ。研究と言ったらオーバーだから、おれは「問答」って呼んでるけどね。その猿捕りの話が二番目。つぎは「宮本常一」でした。宮本をやるには、防長の風土というか、教育伝統というか、そういうことを知る必要があると。今西さん自身が教育に興味をもちだして、吉田松陰が生まれるまでの長州藩の教育の歴史でしたね。

最後の問答のテーマは「今西錦司」でしたよ。今西さんと「私は、なんだったんだろうか?」って話すんです。漫画みたいですよ。おばあさんたちにね、「錦司さんは、あんたが来たら元気になる。あんたはありがたい人でしたよ」って言われました。今西さんからは「年に二回、おれのとこに報告に来い。聞きたいこともあるし、一緒にちょっとやってもらいたいこともある」って言われるんで。あるとき、今西さんに「お前は日本一のカウンセラーや。それは自信をもってええで」と言われましたね。

最後の「今西錦司」まで、ぜんぶでテーマは七本あるんですよ。これで一〇年。向こうもうれしかったやろうけど、おれもおもしろかった。

太田　ぜんぜん違う世界の人だから、気を許して話せたんでしょうね。

◎――猿の調教と動機づけ

太田　調教と学習の話をお聞きしたいんですが。先生から見ると、猿まわしの芸はどのように見えるんですか。

浅野　猿まわしの芸って、仕込むところまで見せないから、謎の世界なんだよね。ところが、共同利用研究では、私たちの前でぜんぶやってくれる。これはまたとない機会なんで、こちらも学ぶことも多いだろうし、教えることも多いだろう。ともかく復活のためには、そういう共同研究が必要だろうということだったんです。それで、いろいろやってもらいました。それまで心理学の「学習」の研究というのは、単純な行動ばっかりなんですよ。レバーを押したら餌が出るだとか、迷路をどうまわるかとか。だけど、猿まわしの場合は、猿に細かなしぐさを学習させる。

手の使い方は、下等な動物はだいたい決まってるんですけど、高等動物になるほど、どう使うかは生まれつきは決まってなくて、自分から働きかけた結果どんどん変わっていっちゃうんですよね。そういう学習の原理には二つあって、ひとつは条件反射で獲得する。もうひとつはオペラント条件づけといって、自発的に行動して、よいことをしたらよりよい結果が起こるように、どんどん自分の行動パターンを変え、効率よく適用していくという原理があるんです。この二つの条件づけで学習していく。学習っていうのは、経験で行動パターンを身に付けることなんです。

その動機づけは、たとえば餌を報酬として使うには、動物の餌に対するニーズを作っておかないとだめなんですよ。

太田　餌がほしいという思いにさせておくということですね。

浅野　たとえば鳩の実験ですと、食いたいだけ食わせて満腹状態にする。すると、飽食体重といって体重は横ばい状態になるんです。そこから、だいたい二〇%減らすんですよ。

太田　減量ですか。

浅野　なぜ八〇%かというと、鳩が空を飛んで餌を探しまわってる状況が、その体重なんです。餌に対する動機づけがきちんとできてるっていうのは、体重がきちんと一定にキープされていることなんです。

太田　八〇%になってるということですね。

浅野　そうしておかないと、餌の力がない。それを動機づけっていうんです。人間の場合でいうと、お金が報酬として動機づけだろうと思われるけど、なんで金が必要かというと、ローンの返済を迫られているとか。それがほんとうの動機づけなんです。これをきちんと理解しておかないと、ほんとうの動機づけにならないし、訓練にもならない。調教でも、褒美が褒美になるためには、いったいどんなことがほんとうの動機づけになるかを知ることが大事なんですね。

太田　なるほど。

浅野　猿まわしでもチンパンジーでも、餌を与えることが報酬のように見えるけれど、あれはたんなる合図なんです。むしろ親方が「よし」っていう、「受け入れた」っていう合図を出すことが非常に重要なんですよ。たとえば、機械から干しブドウが一個出てきたり、リンゴのかけらが出てきたりすると、必ず人間が「よし」って言ってるんですよ。人間でも、社会関係ができてくると、自分が信用している者、信頼している者から受け入れられることが報酬となる。そのためには、信頼関係をきちっと作っておかなきゃだめなんです。褒める場合にも、褒めるだけの力の関係をもっているかどうかが大事なんですよ。バカにしてる相手に褒められたって、話にならないんですよ。

太田　それはそうですよね。

浅野　猿まわしの世界は、まさにその理論どおりにやってるんですよ。

◎——猿と人間の関係性

村崎　そうそう。褒められたらうれしいっていう関係を作らなきゃいけない。

浅野　猿まわしの場合は、親方が猿の生命線を握ってる。霊長類にとってもいちばん大事なことは、食うことと、それから安心して眠ることなんですよ。

村崎　できれば遊んでくれれば、なおよいね。

浅野　その生命線を握ってる相手が受け入れてくれなきゃ、生きていけない。だけど、親方が表情とか声でいくら受け入れを示しても、なかなか通じにくいんですよ。いちばん彼らがわかりやすいのは、食い物なんです。敵は食い物なんか絶対に与えないですから。

太田　はい。

浅野　食い物を与えるということは、受け入れたという合図になるんですよ。だから、量は少なくたっていいんです。

太田　犬やイルカなども、みんなそうやってやるんですね。

浅野　下等動物になるほど、食料としての意味が強くなりますが、猿から上になってくると、シンボル的に与えればいいんです。

太田　なるほど。

浅野　チンパンジーのほうでも、リンゴのかけらが出たりすると、その裏には人間がいるのはわかってるんです。それを食って、人間との関係を確認してるだけなんですよ。

それから、もうひとつ、細かな芸、動作を仕込むときには、いまのしぐさのどこが悪かったかというのを知らせてやることが大事です。しかも、それはすぐでなきゃだめなんです。あとじゃだめです。猿まわしたちが柳の枝を乾燥させたやつで、猿の手や足をピシッピシッてやるじゃないですか。あれは、どこの動作がまずかったのかを猿に伝えているんですよ。

村崎　即。でないと覚えない。あいだをおいたらだめ。

◎——本仕込みと叩き仕込み

村崎　猿というのは、非常に恐怖心が強い。とくにニホンザルは防衛本能が強いから。

何か邪魔が入ってくると、ガブッと噛んで逃げる。そして事故が起こっちゃう。だから、伝統的に紐を付けるっていうのは、必ずしも合図をするためだけじゃないんですよ。紐を付けなくても芸はできるんです。それに、猿は好奇心が強い。すぐにほかに目が行っちゃう。だから、何かを教えるときには、こちらにも速さが要求される。いいことと悪いことがすぐにわかるやり方を積み重ねていかんと、学習させるのはむずかしいでしょうね。それを「即奨即罰」って私は言ってるんですけど。

ただ、その前提に、さっき言ったような信頼関係というか、猿が「もう、あんたがおらんと、私は困る」という関係を、まず一年ぐらいかけて作らんとだめなんですね。

太田　なるほど。

村崎　飼いはじめて一年ぐらいは一緒に生活して信頼関係を作る。技を教える場合は、「即奨即罰」のかたちで習慣づけていくわけです。それで猿もわかってくるんですよ。その関係ができてますからね。

浅野　叩き仕込みっていうのは、要するに罰で猿をコントロールするやり方ですね。これも学習理論のなかにあるんですよ。動物実験なんかでも、しちゃいけないことをやったら罰を与える。すると、すぐやらなくなる。罰には、当面なくしたいと思うときには効果がありますけど、永続性がないっていうのが大原則なんです。虐待が起こったりするのは、同じ問題なんです。罰を与えると、その場ではやらなくなる。だけど、罰を与える者の目が利かないところでは、ひどくなるんですよ。それを聞くと、罰の与え方が足りなかったと思って、もっとひどくやる。だけど、いなくなったら、またひどくなる。そうすると、もっとひどくやる。それで虐待にまでいってしまうんです。だから、罰に頼っちゃだめだよというのは、じつは学習理論が教えるところなんですよ。

◎──今西錦司と宮本常一の教え

太田　罰には永続的な効果はないんだということですね。

浅野　逆に、何かやったら褒める。だけど、褒める人がいないときには、そのことをやっても何も起こらないから、その人の前だけでやりますよね。

太田　褒めるというのも、ある種、同じだということですか。

浅野　同じことです。ただその場合は、褒めてもらえないのは、やり方が足りないんだろうと向こうが思うわけですよ。そして、自分からいろんなことを積極的にやりだします。やってるうちに、どこかでより適切な行動につき当たる。人間もそういう子育てをしたいはずなんです。本仕込みがよいっていう話も、同じことです。

村崎　伝承者としての宮本さんも、芸能者である小沢昭一さんも、学者の今西さんも、「本仕込みでやれ」と言いたいけど、時間がかかるしたいへんなことだから、最初は、「できることならやってほしい」という少し遠慮があったんです。でも、「やっぱり本仕込みで行きましょう」って、ぼくは言うわけや。愛護団体から抗議される虐待とかいう問題を、まずクリアできる。それに、病院とか学校で、猿のかわいらしい面を演出すると、お母さんも先生も感動するしね。自閉症の研究大会とかも行かされるようになるんですよ。それは、本仕込みだからなんです。

本仕込みは、猿がやりたくないときは無理にやらせない。教えてくれたじいちゃんが、「猿がやりたくないって何もしないと、客がじれるやろ。それをしゃべりにして、

＊五月三郎　16頁の注参照

上手に見せろ。これが最高の芸だ」と言うわけよ。大道で芸をやったりする場合は、いつも同じ環境じゃないわけで、何が起こるかわからんでしょ。そうすると猿はね、それを理由に芸を中断する、やめるわけよ。これが、逆にすごくおもしろい。お猿さんのやりたくないことがいっぱいある。それを許すという、こっちの構えがいるんですよね。じいちゃんたちも「猿まわしというのは、笑うだけじゃあきまへんで」と。見せて泣かす。「観客を泣かす猿まわしが、いちばんすごいんや」って言うてました。

太田　どなたが言うんですか。

村崎　五月三郎*さんとか、教えてくれた老猿まわしたちです。「ほんとうの猿まわしは、泣かすし、感謝される」って言うわけですよ。「早く調教したほうがお金になるけど、長い目で見れば、本仕込みで、のんびり猿と旅をしたほうが、みんなから好かれるし、お猿さんも長生きする」って言うんだ。

今西さんは「芸のほうも、学のほうも、とにかく本仕込みで行け」と。「学校も先生たちが疲れてるし、病院も看護婦さんが疲れてる。いま日本中が疲れてるから、君が猿を連れていったら、みんな元気になる」と。それが本来の仕事だ、役割だと。今西さんとはそういう問答です。宮本さんも「みんな、大事なものを忘れてるけど、お前だけは、みんなのいちばん後ろから歩いて、大事なことを絶対、忘れたらあかんで。本仕込みでゆっくり行け」と。そのほうが研究にもなるというわけよ。

◎――行動連鎖

太田　この前、筑豊大介さんと福岡へ一緒に行ったんですね。彼は、一平という一二歳の猿と一緒に、歌いながらひとつの芸を組み立ててやっている。ときどき大介がまちがえてはずすと、一平が「まちがえたぞ。なんで飛ばしたんだ」って言いに来るっていうんですね。芸の流れが猿のなかで作られているもんだから、段取りどおりにいかないと、「オッ」って猿が鳴くんです。それが客に受ける。こんな芸があるじゃないかと。ときには客が逃げないように、早く鳴かせようと思って、あえて段取りをまちがえると、猿のほうが「オッ」と鳴く。命令したわけじゃない。学習したんでもなくて、そんなふうに「段取り、違うぞ」って言いにくるのは、やっぱり関係性なんだって言ってましたね。

浅野　行動連鎖っていって、フィギュアスケートの選手と一緒ですよ。何分間の演技時間にぜんぶ組み上げてるわけでしょう。これをやったことが条件になって、つぎのことにつながり、どんどん流れを作っていく。だからひとつ飛ばすと、なかなかつぎができなかったりするんですね。

太田　そうですね、混乱しますね。

浅野　我われの日常生活のなかでも、けっこうあります。行動って、ぜんぶ連鎖でできている。すると、まったく意識がなくなるんです。もう無の世界で、覚えてないんですよ。歯を磨き終わると、歯ブラシをいつもの場所にちゃんと置いている。意識してなくても、できてるんですよ。そういうのを行動連鎖というんです。だから、途中でひとつ止まるとあとができなくなったりする。そのときは、もういっぺん最初から始める。

究極の訓練というのは、いったん連鎖になってたものをもう一回、もとの要素に戻して、こちらから「何番目をやれ」と指示したら、そこだけをやれる。これはもう最高ですよ。

太田　最高でしょうね。

浅野　人間は、けっこうそこのレベルまで行ってるものが多いんですよ。だけど、猿の場合は、ひとつずつ教えたうえで、それをつないで一連の流れのなかで訓練をする。そうすると、連鎖になっちゃって、途中の要素が抜けると、もうあとが意識できなくなる。そうすると、「ここだけをやれ」と言っても、もうできない。おそらくフィギュアでも、なかなかそこまで行ってる選手はいないでしょうね。それができるのは、やっぱりほんとうのプロのプロだと思いますね。

太田　なるほど。たぶん、ほかの世界でもそうなんだろうと思います。

◎――「歩く」ことと前頭葉

浅野　猿まわしが、猿に二足歩行をよくやらせるじゃないですか。そうすると、「猿なんて、みんな歩くやないか」と言う人がいる。たしかに、猿の群れにイモをまくと、猿がイモを持って、トットットッと歩く。「あれと、どこが違うんだ」って言うわけですよ。

太田　たしかに。

浅野　しかし、猿まわしの猿は、歩くときもリズムに合わせてゆっくり歩く。イモ持ってる猿は、あれは走ってるだけ。ゆっくりやればやるほど、それだけすごい訓練が行き届いているということになる。

村﨑　小さくゆっくりする振りも、そうなんです。これがむずかしいんですよ、教えるのが。ただ、法則はあるわけですよ、歩くのもね。

太田 では、なぜ猿は歩けるようになるんですか。

浅野 走るのは、簡単にいえば、前頭葉からの細かな指令なんてなくったって、反射行動に近いとこがあるから、筋肉があればやれる。だけど、随意性の筋肉をぜんぶコントロールしないと、ゆっくりは歩けない。

太田 あの、エリマキトカゲみたいに、バーッと走るっていう感じは簡単なんですか。

村崎 そうそう。反射的に走るっていう感じ。

浅野 走るという行為は、半分は本能的なものだけでいけちゃう。だけど、ゆっくり歩くとなってくると、随意性筋肉をコントロールしなきゃできない。脳でいうと前頭葉がフル回転しないと、自分の意思による行為の発動というのはできない。

この研究も霊長類研究所でやったんだけど、餌を出すためのレバーを押す直前、脳の中で働く神経細胞やそのルートもわかってる。前頭葉なんですよ。前頭葉は、自分の意思により行動をコントロールするための発動器官なんですよ。だから、猿がゆっくり歩くには、前頭葉がフル回転しなきゃいかんはずなんです。

村崎 ほら、太極拳なんかやるじゃないですか。

浅野 やってますよね。あのゆっくりが大事なんですよ。

◎――猿の見分け方

太田 共同研究で使う猿は、どんな猿を使うんですか。

村崎 これはモンキーセンター経由です。猿の選定については、四手井さんの指導で、

＊村﨑太郎　むらさき　たろう　父・村﨑義正とともに猿まわし芸の復活に尽力。猿の次郎とともにメディアでも活躍。山口県生まれ、一九六一年〜

＊反省猿　48頁の注参照

「京都の嵐山の猿でやってくれ」と言われたんよ。それで嵐山のなかから選ぶようになった。

浅野　だいたいぼくらが聞いてたのは、触ってみて、背骨の柔らかい、背中の柔らかいやつ。それでできるだけ若い、一歳ぐらいのがいいということで、共同研究のときはそういうやり方で選んでましたね。

太田　それはなぜですか。

浅野　背中が柔軟なほうが、立ちやすいだろうということです。

村﨑　よい猿というのは、柔軟なというか、多様な技ができるかどうかということですね。

浅野　ちょうど、村﨑太郎＊さんのあの「反省猿＊」なんて、ぼくらが見てて、どれだけ首が下がるかなんですよね。放っておくと、上がっちゃう。人間は頭蓋骨の真下から背骨が入ってるんですが、猿は頭蓋骨のうしろから背骨が入ってますから、普通に立たせると、絶対に頭が上がるんですよ。そうとう訓練しないと、下りないんです。だから「反省」って頭が下がると、「おぉ、訓練してるな」と思う。

太田　頭を下げることがたいへんなんですね。

浅野　だから日光猿軍団なんかで、みんなピュンピュン頭を上げている。あれもうまく利用していますね。

太田　ああ、なるほど。

浅野　そういうときに、骨の柔軟性が非常に大事だと思います。

村﨑　基本的には、バク転やバック宙返りとかは、猿はうまいですけどね。

◎――親離れと訓練の開始

太田　何歳ぐらいから訓練したほうがいいんですか。

浅野　一歳ぐらいじゃないですか、渡すのは。早いほどいいんだろうけど、たいへんだろうし。ほんとうに世話ができるんなら、生まれたての猿を引き取って、自分に愛着を付けてしまえば、これはやりやすいですよ。

村﨑　でも、それはたいへんだ。小さいあいだは芸も仕込めないし、一銭にもならんし。

浅野　ずっと親代わりしなきゃいけないからね。

村﨑　たまたま去年ね、畑に猿の群れが遊びに来たときに、雌ザルのちっちゃいのがけがをして群れからはぐれてしまってね。生まれて三カ月ぐらいなんですよ。それを引き取りまして、春ちゃんと名づけて、いまぼくが育ててる。これはいちばん早いんです。

太田　猿自身が母親から離れていくというのは、いくつぐらいなんですか。

浅野　これにはいろんな研究と実験があるんですけど、要するに母親に愛着をもたせる時期があって、六カ月が一応、臨界期なんです。六カ月間、母親にしがみつく。別に母親でなくても、人形でもタオルでもいいんです。とにかくしがみついて、あの毛皮の感触を自分の皮膚できちんと感じるのが、猿にとって非常に大事なんです。六カ月以後にやってもだめなんですよ。簡単にいうと天然のトランキライザー、精神安定剤になるんですね。何か興奮したときに愛着物にしがみつくと、不安が解消できちゃうんです。

太田　じゃあ、愛着物を持ってない猿は、どうなるんでしょうか。

浅野　情緒不安定になっちゃうんです。

村崎　だから猿飼いとしては、まず、しっかりしがみつかせることと、ちょっと離れて遊ばせるということを繰り返すんです。

浅野　六カ月間、群れで育った猿だと、猿の毛皮に愛着ができちゃって、それを人間のほうに変えることはむずかしい。ただ、人間のほうがそのつもりで対応すればいいだけですよ。あらためて自分が保護者だという関係を作るしかないんです。よくやる手は、たとえば猿小屋を猿の知らない者に襲わせて、親方が助けに入ればいいわけでしょう。

太田　理屈はそうなりますね。

浅野　緊急時はいつも助けてもらえる。しかも、餌も親方がくれる。そういう関係を作っていけば、新しい愛着も、本能的な愛着とはいかないまでも、その代わりにはなっていきますから。

村崎　納得です。それがなかったらね、関係はまず成立しない。愛着が社会性の基本形で、守るとか成長するとか育てるとかということだからね。愛着は、もういちばん大事なんですよ。

太田　なるほど。春ちゃんの抱きつきは、だれにしてるんですか。

村崎　ぼくにも抱きつくし、耕平でも、女房でも。うちのものには、だれでも。外へ出るときにも、必ずしがみついてる。しがみつかせておいて、「遊ぼうね」と声をかけて、ちょっと外へ出て、少しずつ慣らすんですよ。すると、そのへんで遊ぶんよ。それで「帰るよ」って言うたら、またすぐにしがみついてくる。そういう関係をしっかり作ったうえで、今度は学習というか、技を教える。遊びながら輪っかを渡してみたり、棒を渡してみたり。愛着のある関係が基本にないとできませんね。

浅野　大事なのは、毛皮の感触って言ったけど、しがみつくということの姿勢も大事なんですよ。猿は、手と腹のちょっとと足とに、毛がないじゃないですか。そこは、みんな敏感なんです。自分から、そこをこすりつけるんですよ。それが大事なんです。人間も同じです。恐怖心が強いときとかには、やっぱり母親にしがみつくんですよ。それで解消する。まず子どもを抱きつかせて、その上から抱きしめなきゃあ、ほんとうはまずいですよね。さきに親のほうが子どもを抱きしめてしまったら、子どもはどうするんだということになる。

太田　勉強になります。そんな育て方は忘れてたなぁ。

浅野　そうすると、両方の不安が解消できるんですけど。

◎――本仕込みと叩き仕込みの違い

村崎　昔、おばあちゃんが言っちょったけど、目をかけて、手塩にかけて、抱きしめて、かつ連れ歩くというのが本仕込みの基本だというふうにおれたちは習った。「それができれば、本仕込みは生きる」っていう言い方なんです。

太田　なるほど、なるほど。

浅野　生きていれば、ストレスは強いし、怖いこともいっぱい起きます。それを乗り越えていってもらわなきゃ困るわけですよね。本仕込みと叩き仕込みの違いは、叩き仕込みは怖いことを利用しちゃうんです。脅しといて、それを避けろというやり方で訓練する。これも行動理論であるんですけれども、負の強化という方法です。それでやると、不安は強いし、自分からどんどん行ってくれるというようなかたちにならない。

だけど、恐怖心があったときの解消方法を教えていれば、自分から何かを求めて積極的にやっていく。たとえ、それがうまく行かなくてストレスが大きくなっても、その解消方法に従って、しがみついて落ち着いたら、また出かけていく。そういうかたちにしておけば、少々ストレスが強くても、思うようにいかなくても解消できるんですよ。野生の状態っていうのは、そういうふうになってるわけです。母親のそばいて、怖いことがあったり仲間から脅かされると母親にしがみついて、それで一分もすればケロッとしてまた出ていくんです。

村崎　何事もなかったようにね。

浅野　何回かやるうちに、うまく行くようになっていく。

村崎　うまくいったときに猿飼いは、すぐに猿を抱きしめないとだめなんですよ。一緒に「オーッ」と喜んでね。こっちの想像せんことをやるわけよ。おれの場合、ツネキチという猿にバク転をやらしよったら、バク転をまちがえてね、宙返りを余分にして逆立ちで止まったんだ。人間でいうならば、逆立ちの静止やから、おれはたまげた。すぐにツネキチを抱きしめて「すごい。もう一回、やってみよう」と言ったら、それで、その日のうちに覚えましたよ。バク転を九回やって、最後に高く飛んで逆立ちで静止する。人間にはできませんよ。それがツネキチのいちばんよい芸やった。最後に、それをやってくれたんです。すぐに褒めて、ギューッと抱くんよ。長いあいだ、連れ歩いて仕込んでいくのが、本仕込みだと思いますね。百姓が米を作るのも、本仕込みの哲学ですわ。

太田　なるほど。

村崎　つまり、今西さんに「本仕込みをやらんとあかんで」と言われて、やりはじめて、それでも二〇年ぐらいかかってね。当時、おじいちゃんらが、「猿がぜんぜんやらんときは、すごい芸や」とか、「二〇年も付き合うてみないと値打ちはわからん」「五頭も六頭も飼わんとな、猿はそう簡単にはわからん」って言っていたことが、いまごろになってわかるんよ。

◎――猿の攻撃にどう向き合うか

太田　本仕込みの猿も大人になってくると、やっぱり攻撃はしますけれども、叩いて仕込む猿のほうがさらに攻撃してくるんですってね。これは、どうしたらいいですか。

浅野　罰コントロールでやった場合は、脅かしてやってるようなもんですから。その究極の反撃は、罰を与える相手をやっつけてしまえばいいんです。

村崎　うん。消しちゃえばいい。

浅野　それが最高の回避じゃないですか。罰を与える相手をやっつけてしまえば、もう罰はなくなるわけですから。だけど、普通はそれはやらないんですよ。親父がいくら怒っても、親父に反撃はしてこない。だけど、いつかはやってくると思ってなきゃいかん。そこがいちばん問題なんですよ。普通はしつけということで押さえつけてるだけだから、それが何らかの瞬間に解除されたら、一気に出てきちゃいます。

太田　なるほど。

浅野　その備えがないと、ほんとうは罰コントロールをしちゃいけないんです。いつ来るかわからないという認識のもとでやるしかない。じゃあ、報酬でやるやり方のほうは完全に安全かというと、必ずしもそうでもない部分もあります。だって、餌があって隠してたら、それを取っていけばいいですから。

村﨑　ぼくの場合は、演技が終わったとき、たまたまそこに押しピンがあって、それを猿が踏んじゃって、血がバアッと出たんです。そこにぼくしかおらんじゃない。そしたら、ぼくがそれをやったと思ったんやね。

太田　噛みついたんですか。

村﨑　もうパッて頭が真っ白になったんでしょうね。それでガーッて噛みついて、ぼくも死にかけたんですよ。血だらけになって。やったあと、本人はたいへんなことをしたみたいな感じで。もうお互いに血だらけになって。

太田　それで、その猿は大丈夫でしたか。

村﨑　亡くなったんだ。原因もわからないんですよ。小屋に入れて、連れて帰るときに、もう死んでたんですね。そのときに来とった獣医が「ショック死だろう」って。とにかく猿が興奮状態になってるから、獣医に頼んで麻酔を打ったんですよ。それが効きすぎたんじゃないかと思うんですがね。

浅野　その猿、パニック状態が長時間、続いたのかなぁ。

村﨑　長時間じゃなかったですよ。

浅野　短時間で。

村﨑　はい。

浅野　猿は、体温調節がすごく悪いんですよ。だから、よく言うじゃないですか、猿を追っかけるときは、一五分以上追いかけるな、と。

村﨑　死んじゃう。

浅野　続けると体温がガンガン上がっていって、ショック死するんですよ。だから絶対、長時間、追っかけるなと言いますね。

村﨑　それは言われました。

◎――不適切な行為に対する対処のしかた

浅野　攻撃性が起こるのは二つ。罰コントロールのときに、あまりにも罰がきつすぎる場合。もうひとつ、逆に報酬制でやってるとき。報酬制でやるというのは、何かよいことをやったときには褒美を与え、不適切な行動に関しては無視するのが原則なんですよね。

ところが、なかなか人間は無視ができないんですよ。これは有名な例で、アメリカのニューヨークにコロンビア大学のケラースクールっていう教員養成所があるんです。この学校では、ほとんどの行動が行動分析学的にマネジメントされています。そこの初級の訓練のなかにあるものなんですけど、クラスのなかで子どもが不適切な行動、たとえば先生に無断で机を離れたりなんかするときに、それを先生が無視できるかどうかなんです。それに注意を与えたりすると、先生が自分に注目してくれたんですから、子どもにとっては最高の報酬になる。だから、それに注意を与えてしまっちゃだめなんです。無視しつづけられるかどうかなんですよ。その子が不適切な行為をやめて机に座ったときに、「よし、何とかちゃん」って声をかけてやれと。それができるかどうかが、初級訓練の最初なんですよ。

太田　先生のね。

浅野　それが、なかなかできない。

太田　できないですね。

浅野　適切な行動に対しては、きちんと褒め、不適切なものは、きちんと無視する、注目を与えない。この訓練が大事なんですよね。ところが、子どもが不適切な行動すると、それで注意を受ける、つまり先生や親の注目をもらえてたのに、あるとき、それがもらえなくなる。先生や親が子どもを無視する。それを「消去」って言うんですけど、そのときに必ずバースト（攻撃行動）が起こるっていうのが原則なんですよ。

たとえば、チンパンジーの場合、レバー押しでいうと、青ランプになったときにレバーを押すと餌がもらえるけど、赤ランプのときには押しても何も出てこない。そうなると、赤ランプのときに突然、レバーをバンバンッてやったりして、怒っちゃうんです。それまでレバーを押したら餌がもらえてたのに、急にもらえなくなった。じゃあ、どうするかというと、もういろんなことをやり出す。攻撃的な行動が出てくるんですよね。そこで餌がもらえたりすると、アウトなんですよ。もうガチャガチャになっちゃう。

太田　なるほど。

浅野　報酬をきちんと出すということでやっていても、必ず消去バーストが起こるというのは覚悟しておかなければなりません。そのときに、いかに無視できるかが勝負です。いずれにしても攻撃性が起きるんです。ただ、報酬制のときは致命的なことにはいたらない。最初は、軽い消去バーストが出ても、そんなに強いものは出ない。だから、比較的うまく回避できています。

だけど、罰コントロールの場合は、常に不安な状況がベースにあるので、あるとき、「あいつをやっつけてしまえ」と考え出す。とくに罰を受けた直後なんかに出てきます。

そのときは本能の力がかなり働くので、頭が真っ白になってやってきますから、非常に強力なんですよね。それが起こっちゃったら、ちょっと止められない。

そういう意味では、消去バーストのほうがまだ対処しやすい。消去バーストが起こっても放っておいて、適切な行動の基準を少し甘くしてでも、とにかく報酬を与えられる場面を作ってやる。報酬を与えてしまえば収まってしまいますから。

太田　もう放っておくと？

浅野　放っておくんです、一種のパニック状態ですから。でも、一分もすれば収まるので、また再開してやると、ケロッとしてまたやり出す。ただ、いつかバーストが起こることだけは知っておかないといけない。どちらでも起こりますよ。

太田　いま、猿まわしが増えてるでしょう。全国に四〇〇ぐらいあると言われてるんです。

浅野　ええっ。

太田　すごいんですよ。だけど、本仕込みの系列は、村崎さんと大介くんぐらい。ほかの猿はそうじゃない。そうすると、叩き仕込みの人たちは、攻撃してくることに対して不安があるんですね。どうしたらいいか悩んでいて、「大介に聞いてくる」って言うんですよ。それで「悩みの会」を作って、ネットワークを組んでるんですって。

浅野　そうでしょうね。不安があっても即効性があるから、けっこう叩き仕込みでやるんですよね。本仕込みに変えていけばいいのにね。

村崎　そうですよね。

太田　ありがとうございました。

（二〇一〇年一二月　収録）

小沢昭一
村﨑修二
織田紘二

鼎談

猿まわしに心惹かれて

この鼎談は、二〇一二年三月、国立劇場小劇場で、第二〇回橘芳慧の会で新作舞踊「愛猿記」の披露に際して、作・演出を手掛けた織田紘二と、猿まわし復活のきっかけを作った小沢昭一、猿舞座の村﨑修二の三人によりおこなわれた鼎談を載録したものである。

左より織田紘二、小沢昭一、村﨑修二（撮影・株式会社ビデオフォトサイトウ／提供・橘芳慧）

小沢昭一　おざわ　しょういち　一九二九〜二〇一二年、東京都生まれ。俳優、俳人、俳優座養成所を経て俳優座公演で初舞台。新劇・映画・テレビ、ラジオと幅広く活躍。一方で、民俗芸能の研究にも力を注ぎ、レコード『ドキュメント　日本の放浪芸』シリーズなどを制作。元日本新劇俳優協会会長。博物館明治村村長も勤めた。

＊橘芳慧　たちばな　よしえ　日本舞踊橘流家元。東京都生まれ、一九四一年〜

＊愛猿記　作・演出＝織田紘二、作曲・演奏＝本條秀太郎、振り付け・出演＝橘芳慧、語り＝平野啓子。舞踊は昭和一〇年ぐらいの戦争の足音が聞こえてくる時代、女性の猿遣いが苦労しながらサルとともに旅をつづけていくという内容

◎——出会い

織田　本日は第二〇回の橘芳慧＊さんの会でございます。ご案内のように「愛猿記＊」という創作舞踊を第二部で上演していただくわけですけれども、その前に皆さまに「猿まわし」という芸能についてお話し申し上げ、この「愛猿記」という作品の背景をご理解いただけましたなら幸いということで、第一部を構成いたしました。私が「愛猿記」の作者であるものですから、橘さんから「その責任を果たせ」というご下命を受けて、進行をさせていただきます。

こちらは、もうおなじみでございますが、小沢昭一さんでございます。小沢さんは、なんと言いましても大道芸の練達の士で、学問としてもそうですが、ご当人もおやりになるのを拝見する機会が何回かありました。今日は猿まわしを中心にお話を伺いたいとお願いをいたしました。

いちばん上手《かみて》にいらっしゃいますのが、村崎修二さんです。この方は、山口県光市で周防の国の猿まわしの復活をされたご当人です。そのきっかけは、もちろん小沢さんで

上・下とも「愛猿記」を演じる橘芳慧（撮影・株式会社ビデオフォトサイトウ／提供・橘芳慧）

した。そこらあたりのお話もお伺いできるかなということで、お呼びいたしました。村崎さんは昨日の夜に鹿児島から東京に入っていらっしゃいました。とにかく旅から旅の一年を送っていらっしゃいます。私は、村崎修二さんのことを昔から「修ちゃん」と申し上げています。もう四〇年来のお付き合いですから、「修ちゃん」と言わせていただきます。

小沢さんが最初に山口県光市にいらしたときのことは、よく覚えていらっしゃいますね。

村崎　ぼくも演劇に縁があったものですから、小沢さんは演劇の大先輩なんです。その大先輩の小沢さんが突然くるとは、だれも予想ができないじゃないですか。風のようにフラッと来て、「見つけた！　ここだ、ここだ」という感じでした。一九七〇年の暮れのことでしたね。

織田　一九七〇年の暮れに。

村崎　ビクターの仲間と一緒に、機械を持って取材に来られました。

織田　そこで、修ちゃんのお兄さん、村崎義正さんとお会いになったわけですね。山口にいらしたというのは、どういうきっかけだったんですか。

小沢　はい。何もかも昔のことでほとんど忘れてしまいましたけれども、そもそも子どものときは、町をたどってくるいろんな芸人が、たくさんございました。横町なり、神社の境内なり、原っぱなりにきたものです。それがとても慕わしいものとして印象に残っておりました。そのなかでも私はとくに、お猿さんの芸を見せるという、猿まわしが好きでした。そういうものがすっかりなくなっちゃったわけで、何とかもういっぺん見たいものだと思っておりました。まぁ、子どものときの郷愁ももちろんあるわけですけれども、それ以外にも、町に生きていた芸能に強く心が惹かれるようになりましたので、ぜひ、それを復活させられないものかなぁなんて思ったりいたしました。

織田　そんなに猿まわしの印象が深かった？

小沢　そうなんですよね。ですから、何とかそういうものが復活できたら、子どもが楽しむだけじゃなくて、みんなも懐かしがるんではなかろうかなんて、思ったりいたしました。

いろいろたどった結果、この周防の猿まわしに巡り会うことができまして、非常に感銘いたしました。町のなかで、人びとの暮らしのなかにもぐりこんで、いろいろ展開されていた芸能というものを、大事にしていかなきゃいけないなぁなんて思いましてね。

織田　村崎義正さんは、ちょうどそのころ、山口県光市の市会議員をやってらした。その義正さんと最初に会ったんですね。

小沢　はい、そうなんです。

村崎　兄はその日、議会がなかったので家にいたんです。そしたら日本ビクターの市川捷護さんという方と小沢さんの二人が、市の教育委員会の方に連れられてきたんです。

兄貴は「小沢昭一を知っとるか」って言うから、「知っとるも何も、大先輩よ」と答えましたら、「立ち会え！」と言うんですよ。だから、ゴリラでも見るような感じでした。ぼくもおそるおそる行ったら、小沢さんご本人は、「いやぁ、ここだ、ここだ」って。猿がいたわけじゃないですよ。ぼくら兄弟が立っていたら、「まちがいない。やっと巡り会いました」って言いましたね。いまでも忘れません。よい顔をしてましたよ。

まだ、細くてね。

織田　そのときに義正さんが小沢さんと会われて、最初に、「ほんとうに、そういう興味があるのか」とおっしゃったとか。

小沢　「あなたは、本気でそんなことをやってるのか」とおっしゃいましたね。

村崎　有名人だし、殿上人ですからね。

小沢　当然、「本気です」って、力を込めて申しました。

村崎　でも、「嘘だろう」って、その後もずっと言ってましたよ。年が明けて、二回目に来られて、今度は、ぼくが芝居の後輩とわかったものだから、そのときに小沢さんから、「悪いけど、かつて猿まわしをやっていた人を集めてくれ」と頼まれました。それで、昔やってたおじいちゃんたちが七、八人、集まってくれたんです。それで兄貴も、「こいつは本物だな。よし、焼き肉を食いに行くか」みたいな調子になっちゃったんですよ。

織田　そのときに何人かの猿まわしの人たちに、もちろん、お年を召した方が多かったんでしょうけれども、お会いになってるわけですか。

小沢　はい、そうなんですよ。いろいろお話を伺ったりなんかして、ぼくの郷愁を満たすと同時に、こういうものはやっぱりなくしちゃいけないなぁと思ったりしました。

◎――山口県周防猿まわしの緊急調査

織田　ぼくは当時、国立劇場の職員でしたが、小沢さんが山口にいらっしゃる前に私を訪ねていらして、大劇場の喫茶室で、「山口の高州というところに猿まわしがある。文献もある。これからおれは行くんだけれども、あんた行かんか」と誘われました。だけど、ちょうど私が制作した芝居をやっていたものですから、ご一緒できなかったんですけれども。残念でした。

小沢　織田さんがいろいろご研究なさっていることを知っていたものですから。とにかく、まずはお目にかかりたいなと思ってお訪ねしたんです。

織田　今日のプログラムのなかにもちょっと書いていますが、「私は猿まわしをやっておりまして」と言うと、皆さん、「エッ?」とおっしゃるんです。猿まわしを実際にやっていたわけではなくて、卒業論文で猿まわしを勉強していたものですから。それを大学を出てすぐに、三隅治雄*先生から「まとめてみては」と言われて、一〇〇枚にまとめて芸能学会の機関誌『藝能』という雑誌に載せました。*意外にたくさんの人が読んでくださってるんです。ほんとうに若書きの卒業論文ですから、たいした内容ではないんですけれども、ただ、猿の芸能についてまとまったものが、あの当時はなかなかなかったものですからね。

小沢　まったくなかったと言ってもいいぐらいです。

村崎　ぼくが東京に行ったときに、小沢さんが、「すごいのがおるから、いまから行け」って言うんです。だから七二年にすでにあなたのところへ伺っています。

織田　そうでしたね。それで修ちゃんと出会ったんですよね。

村崎　もう四〇年前です。

織田　それから周防猿まわしの会ができるわけです。

村崎　七七年に、小沢さんと宮本常一*さんという日本文化を研究している山口県出身の

＊三隅治雄　9頁の注参照
＊11頁の本文参照

＊宮本常一　24頁の注参照

民俗学者がいまして、この方の肝いりで周防猿まわしの会を立ち上げるんです。

織田　それが一九七七年ですか。

村崎　七七年の、それも暮れでした。

織田　それで一九七九年に、私も参加させていただいて、県の仕事として、山口県周防地方の猿まわしの緊急調査を行いました。この報告書が一九八〇年の春に出ております。この調査のときに私も、旧藩時代の古い周防をまわらせていただきました。修ちゃんたちも、このときに初めて会った猿まわしの人たちがいっぱいいましたね。

◎——「じょうげゆき（上下行き）衆」

村崎　ぼくはまだ二四歳で若かったから、小沢さんに「昔、猿まわしをやっていた人たちを集めてほしい」と注文されて、もう喜んじゃって。あっちこっち歩いて、かき集めました。

織田　そういうなかで、さきほどもちょっと楽屋で話が出たのですが、女猿まわしがいたという。

村崎　はい。

織田　女の猿曳きがいたことが非常に印象に残っておりまして。じつは『季刊　藝能東西』*という雑誌の誌上で紹介されていました。

小沢　はい。

織田　小沢さん編集・主宰で、一〇号でやめるんだということを最初に発表されて、一〇冊の『季刊　藝能東西』という雑誌が出ております。そのなかで周防猿まわしの生活

＊『季刊　藝能東西』　11頁の注参照

＊61頁の注参照

と実態について、丸岡忠雄さんが「周防じょうげゆき考」＊という題で一〇回連載されておりました。これは小沢さん、外からはなかなかわからなかった世界ですよね。

小沢　そうなんです。ぼくらだって、子どものときに近所の神社の境内とか原っぱでやってるのを見ていて、ほんとうに楽しかったものですが、実態は知りませんでしたからね。

織田　ええ。これはいったいどこからくるんだろうと。

小沢　そうなんです。

織田　それで、これからどこへ行くんだろうというようなことが、やっぱり気になる。

小沢　はいはい。だんだんそういうことが浮かんできて。何とかこういう芸が、また町で生きるようにと願ったんですね。

織田　そうですね。『季刊　藝能東西』にも、きょうの舞踊にも出てきますけれども、「じょうげゆき（上下行き）」という言葉がございます。その意味を皆さんに簡単にお話しいただけますか。

村崎　これは船頭さんたちもそうですが、西や東、北や南へと旅を職業にしている人たちのことを「じょうげゆき（上下行き）衆」と言います。

小沢　東京へ行くのを「上京する」なんていうのもありますからね。あっちへ行ったり、こっちへ行ったりを二つに分けて、東へ行くのと、西へ行くのと、ということでしょうね。

織田　今日の創作舞踊の舞台は昭和の初めに設定されてるんですが、その当時の「じょうげゆき（上下行き）」というのは、村崎さんのところの近辺では、だいたいどういう旅だったんでしょうね。

村﨑　それは、その後、織田さんも来ていただいて調査をしたんですが。

織田　だいたい、あれは夫婦でワンセットで動くんですか。

村﨑　雨の日も雪の日もあるから、猿曳きの稼ぎだけでは、立ちませんからね。

織田　雨の日に猿まわしはできないわけだしね。

村﨑　必ずお金になるものを副業としていました。たとえば椿油を売る。これは非常に珍しいものですから、それを女房が売るというのが多かったと思います。宮本常一先生は、「文化は、コンビで生まれて伝わっていくもんだ。これは何かあるぞ」と言っていました。猿まわし芸能と椿油売り。椿油は、いろいろ用途が多かったものですからね。

織田　そういう旅を、ほとんど一年間、続けているということでしょうか。

村﨑　はい、一〇カ月ぐらいですね。

◎――これは事件だ

織田　ぼくはどうも猿に嫌われる体質らしくて、檻に入って、よく猿にガブられ（噛みつかれ）ましたね。引っ張られたりね。

村﨑　噛みつくけど、どこを噛みつかれたかが問題ですよ。

織田　足のスネですね。

村﨑　そこは、怒ってるとき。猿は気に入ってるときは耳を噛んでくれますよ。「あんた、好きだ」っていうサインです。抱きついて、耳にやるんです。これがよい芸なんですよ。猿にとっては芸じゃないんですがね。

織田　ぼくは、やっぱり嫌われてたんだね。

村﨑　うん、それはよっぽど嫌われてた。（笑）あちこち噛むんですよ、彼らはしゃべれないから、噛んで感情を伝えてくるんです。ぼくは、猿を何十年も飼って、よくわかります。あなたは、相当、嫌われてるよ。滅多にやらないよ、そんなことは。

織田　どうも合わないんですね、ぼくは。それで夏でも股引をはけって言われましたよ。

村﨑　そこを噛むっていうのは、もう必死の、「お前、殺すぞ」という意味、敵ですね。

織田　うん、だからぼくは猿を使ったことがないんですね。やっぱり合わないんです。そこで聞きたいのですが、どうですか、猿っていうのは、かわいいもんですか。

村﨑　永六輔*さんは、芝居を書いて小沢さんと一緒に仕事をしてたんだね。それで知り合いになって。たまたま猿まわしが復活してから、永さん、九州に来たんですよ。門司の港でやってたぼくらの猿まわしを見たんですね。本来、そこにいちゃいけない山の神様がそこにいるわけですよ。それもちっちゃくてかわいいでしょう。森繁久弥*さんも「ちっちゃくてかわいいという、この美学は人間じゃ勝てないんだよ、神様だから」っていう考えなんです。永六輔さんは、これを初めて見たわけですよ。「これは事件だ。これはヤバいですよ」と、そう言いました。

◎——香具師の商売敵

織田　お祭りの縁日や神社の境内なんかで商売する人たちには、猿まわしは嫌われるもんね。

＊永六輔　46頁の注参照

＊森繁久弥　47頁の注参照

村﨑　はい、客を取っちゃう。

織田　客が、みんなそっちに行っちゃうからだそうですね。

村﨑　ほかのところへ行かないで、ぜんぶ猿まわしのところにきちゃう。祭りの縁日などを我われは「タカマチ」って言うんですが、「タカマチ」があると、必ず香具師の人たちに「隅のほうでいいですから」って言うんです。いちばんはずれでやるんですけど、それでも成り立ちますよ。

織田　縁日などの全体を香具師の符丁で「タカバ」と言うんだそうですけれども。出口のはずれのところ、神社の境内ですと鳥居を出るところで、「とにかく、ここでけっこうです」と。だから香具師の、物を売るような人たちにすれば、「ほんとうにいやだ」と言われますね。

村﨑　商売敵ですから、それはもう。

織田　猿にぜんぶお客さんを取られるということを、よく言っていましたね。でも、かわいいでしょう、旅をすると。

村﨑　それはもう女性、おばあちゃんたちは、「愛しげじゃのう」とかって言ってくれる。腰の悪いおばあちゃんが立ち上がって、「めんこいのう」って言ったり、とにかく目に入れても痛くない。ちっちゃくてかわいい動物で、これがたまらないんですよ。しかも見たことのない妖精のようでしょう。山から来てますからね。最近は大きな猿もだいぶ出没しますけどね、悪さしに。でも、昔はみんなこんな小猿ですわねぇ。だから、覗き込むように、すごく大きな輪ができて。

織田　大きな輪の中で、ちいさな猿が動きまわるというか、芸をする。あの可憐さといいうのは何ともいえませんね。

村﨑 「絶対に、猿まわしと一緒にやらない」というのが森繁さんの言い分でした。「おれたちは上手だよ。あいつはかわいいし、下手くそだ」「何をやってもかわいくて、下手くそっていうんじゃ、勝てないよな」っていうのが、森繁さんの話でした。

◎——猿を使う芸能

織田 修ちゃんの兄さん(村﨑義正)の息子が、いわゆる反省猿というよく知られた猿まわしですね。

村﨑 太郎*くんね。

織田 猿まわしというのは、猿の芸能であるというよりも、猿を使う側の芸能なんですね。だから、「反省」というのは、ただ、猿がさぼってるんですよね。

村﨑 疲れたら、すぐ手をつくんです。それを、太郎くんが賢く表した。

織田 「反省!」と言ったわけですね。

村﨑 「お前、反省してろ」って言ったら当たっちゃった。テレビでやったからですよ。いっぺんに広がってしまった。

織田 ほんとうは猿まわしというのは、猿を使う側の人間の芸能なんですよね。

村﨑 そうです。これは織田理論です。

織田 いや、織田理論というほどのものではないけど。

村﨑 そのとおりでしたよ。

織田 ぼくはそうだと思っているんですけれども。猿をつないでいる綱を「タナ」とい

*村﨑太郎 111頁の注参照

いますが、そのタナの合図で猿にポーズを、つまり一〇個から一五個ぐらいの芸をやらせる。

村崎　そうそう、姿をちょっと変えてね。

織田　変えられれば、そのパーツを今度は利用して、筋立てていくんですね。それで、どんな物語もできてしまう。それは、すごい想像力ですし、見立てですよね。

◎――健康な猿に育てる

織田　先だって、今回の作品の作曲者、本條秀太郎先生と、振り付け、立方の橘芳慧先生と、私もご一緒させていただいて、東京都内ではなかなか場所もないので、猿の芸を見せてもらいに山梨県の下部《しもべ》温泉の奥まで行きました。作曲なり振り付けなりの参考にしていただこうと思ったわけです。一〇月でしたけれども、秋のほんとうによいお天気の日でした。そのときに思ったんです。橘先生もプログラムに書いてらっしゃいますが、猿がとってもよい匂いがして、顔色がよくて、よい顔をしてるんですね。

村崎　ピンクの顔でね。それは、猿飼いの腕がよいんですよ。猿を健康に飼わなくちゃいけない。そういうように育てるのが、こっちの腕前ですからね。

織田　そこなんですね、結局。猿の顔が卑しくならず、いかにものどかな感じ。

村崎　抱きついてくるでしょう。草食獣の仲間ですから、草花の枯れ草のような匂いがするわけです。だから橘先生に抱きつくと、「ああ、いい匂いね」って。

織田　ほんとうによい匂いがして、毛づやがよくて、顔色がよくて。それはそれはかわいくてねぇ。

村﨑　この色気は、ちょっとなかなか人間では出せないね。
織田　出せない、出せない。
小沢　お猿さんは利口な動物ですから、今日はおれが主役だってわかってるんですよ。だから、のびのびと、晴れ晴れとしている。
村﨑　そのとおり。
織田　よい天気の日に、晴れ晴れとした気持ちで芸をしている、あるいは芸をするべくその場にいる猿の、何か気分のよさというのは、やっぱり見てるほうも気持ちのよいものですね。
小沢　そうですね。

◎――重岡さんのこと

織田　今日は、橘先生に女猿まわしを演じていただいております。重岡フジ子*さんという方がいらっしゃって、重岡さんのご亭主が三六歳かで事故で亡くなられ、ご亭主が使っていた猿をその後、重岡さんが使わざるを得なくなったんですね。猿は一度仕込まれると、もう野生には戻れない。一生、この猿の面倒を見なければならない。私は、そういう、猿を使った経験もある重岡さんに、光市の高州でお目にかかってお話を伺いました。非常に感動して忘れられなかったんです。猿を使ったところは、ぼくは見てないんですよ。だけど、重岡さんから教わったものは、修ちゃんたちもいっぱいあるでしょう。
村﨑　そうそう、ぼくの師匠ですから。ぼくがお猿さんをモンキーセンターから預かっ

左より村﨑修二、重岡フジ子、永六輔（提供・村﨑修二）

＊重岡フジ子　16頁の注参照

たとき、よい猿だったんです。「よい猿だから本仕込みでいきなさい」って重岡さんに言われました。

織田　いま、本仕込みとおっしゃったけれども、本仕込みっていうのは、どういう意味なんですか。

村崎　赤ちゃんみたいにちいちゃい猿だから、ドタバタ早仕込みをするな、じっくり育てなさいという意味です。

織田　いじらない。

村崎　いじらない。もっと言うと、のんびりする。息子の保育園の祭りで、たまたまぼくは足の筋を四本切っちゃったんですよ。

織田　あらっ。

村崎　自分が動けなくなっちゃったでしょう。ちょうどいいから、重岡のお姐さんが、「あんた、本仕込みができるよ」って。「よい猿だからね、ものすごいよい猿ができる」と。それが、のちに小沢さんの司会で国立劇場に登場する猿なんですよ。*

*140頁の本文参照

織田　あの、日本芸能実演家団体協議会（略称・芸団協）の公演でね。

村崎　芸団協、中村歌右衛門先生のところでしたね。花道をトトトッて歩いてくれた、あれがそのお猿さんです。かわいかったでしょう。

◎――花猿

織田　本仕込みっていう話がありましたけれど、柔らかく仕込むということにも通じます。それをぼくは「和《にぎ》仕込み」って言ったんです。荒仕込みと和仕込みとあると。荒魂《あらたま》と和魂《にぎたま》があるように。柔らかく仕込むと、猿もとっても柔らかい表情になるんじゃないかということを、猿まわし復活の途中で、ぼくは申し上げたことがあるんです。今日の演目の歌詞で最後に出てくる言葉に「花猿」という言葉があります。花猿というのは、どういう意味だと言えばいいですか。

村崎　匂い立つような、花のような猿。タナをつけずに芸ができる猿です。ぼくにとっては花猿を育てるというのが夢になります。希望になったんですよね。

織田　そういう意味では、やっぱり花猿とともにあるということを、猿まわしの芸人は夢見るんですよね。理想にするんですね。

村崎　できることなら。

織田　タナなしで猿を使うようになることが夢なんですね。どんなにたくさんの人たちが周りにいても、とにかく綱で結ばれていない猿が芸をする。それを夢見て、理想とするんですね。だから、花猿をめざして、その猿とともに歩もうというのが、今日の最後のテーマでございます。

小沢　花形という言葉がございますよね。主役の中心人物で、いちばん華やかで。

織田　そうですね、華やかで。

小沢　それを引っ張ってることも、ありましょうな。

織田　それも、花道ということにもつながるんでしょうね、結局。

小沢　そうでしょうね。

村崎　びっくりしましたね。初めて花道で猿を下ろして。あのときはツネキチくんがトントンと歩くだけなんですが、もう会場は「ウワーッ」って大歓声でした。猿使いのぼくのほうがびっくりしちゃって。あれは一九八一年でしたね。

織田　はい、どうもありがとうございました。今日は、橘芳慧先生に女猿まわしを演じていただきます。舞台上で橘先生は最初から最後まで猿と一緒なんですけれども、ぬいぐるみも、人形も、まったく猿は出ません。見ていただいて、猿が見えたらお慰みというところでございます。

また、猿と猿まわしという、ちょっと不思議なテーマの作品でございますので、橘先生もたいへん苦しんで、振り付けもし、舞台化をしてくださいました。お楽しみいただきたいと思います。今日はほんとうにありがとうございました。

猿まわしの旅　同行記

上島敏昭

傘まわしを演じる上島敏昭

上島敏昭　かみじま　としあき　一九五五年、長野県生まれ。一九八五年より日本の口上芸の第一人者だった故・坂野比呂志の指導を受け、坂野比呂志大道芸塾（現・浅草雑芸団）を結成。一九八六年より浅草木馬亭で「ほおずき市大道芸フェスティバル」を開催。村崎修二と、全国各地を大道芸巡回する「猿まわし・大道芸　里めぐり」二〇一三年まで実施。浅草雑芸団代表。

＊小沢昭一　11頁の注参照

◎――修二さんとの出会い

村崎修二および猿舞座の活動については、これまでに二冊の本が出版されている。『花猿誕生―道ゆく芸能をもとめて』（村崎修二編著、清風堂書店出版部、一九八六年）と『猿《さる》曳《ひ》き参上　村崎修二と安《あ》登《と》夢《む》の旅』（香月洋一郎・佐藤佳子編著、平凡社、一九九一年）である。本稿では、それ以降の村崎修二・猿舞座の活動について、旅の同行者の視線から記してみたい。

本題に入る前に、私が修二さんの旅に同行するようになった経緯を述べておく。すこし煩雑にはなるがお許しいただきたい。

修二さんに初めて会ったのは、一九八一年三月、国立劇場でおこなわれた「道ゆく芸能」公演（主催・日本芸能実演家団体協議会〈略称・芸団協〉）の楽屋だった。司会者で、企画にも深く関わっておられた小沢昭一*さんを訪ね、猿まわしの大道での実演を取材したいと告げ、どなたか紹介していただけますか、と言うと、すぐに修二さんを呼んでくれた。修二さんは「周防猿まわしの会」の一員として、柿原新吉という芸名でツネキチという名のニホンザルを遣《つか》ってこの公演に出演していた。小沢さんに紹介されて、取材のお願いをすると、数日後に高島平（東京都板橋区）の公園でやるので、よかったら来てください、とのこと。まさか数日後とも思わず、またどこか遠方へ出かけなければならないと覚悟していただけに、あまりの短兵急に驚いたが、さっそく、『周防猿まわし緊急調査報告書』（山口県教育委員会編、一九八〇年）の調査員でもあった中村茂子*さんに連絡して、公演レポートの執筆をお願いして、当日、中村さんと二人、地下鉄・高島平駅近くの公園に出かけた。このときの猿まわしレポートは『大衆芸能資料集成　第3巻　祝福芸3　座敷芸・大道芸』（三一書房、一九八二年）の月報に載った。

　この取材直後に、修二さんは仲間とともに「周防猿まわしの会」を脱退した。それから「すかぶら衆*」の案内や「猿舞座準備会発足のお知らせ」などが届いたものの、しばらくは連絡が途絶えた。猿舞座としての活動を初めて見たのは国立歴史民俗博物館での「江戸の祝福芸」と題した催し（一九八三年一一月）のときで、猿を遣っていたのは瀬川十郎さんだったと思うが定かではない。また、修二さんにも会っていない。修二さんと再び言葉を交わしたのは、三重県桑名市に伊勢大神楽の総舞を見学に行った折のこと。年表をみると国立歴史民俗博物館で猿舞座を見た翌月である。偶然、修二さんもやってきていて、太夫さんたちと談笑されていたが、私をみつけて声をかけてくれた。このとき、幕末の江戸の猿まわしの親方だった小川門太夫の聞き書きが明治期の雑誌*に載っていた話をすると、そういうものがあるならばぜひ読みたいというので、年明けにコピーを送った。それが縁になって、それからはいろいろな連絡が送られてくるよ

＊中村茂子　14頁の注参照

＊すかぶら衆　北川鉄夫の発案で生まれた村崎修二と猿まわしに同行する仲間たちとの演芸会。メンバーは星野正吉、若狭道之介、二本松円造、修二など

＊217頁の本文参照

うになった。一九八四年夏の「佐渡芸能大学」には参加できなかったが、翌八五年、早稲田銅鑼魔《どらま》館での「猿まわしに関するシンポジウム」は見学している。また、一九八六年に『花猿誕生』（前掲）が出たときは、宮本千晴さん（宮本常一さんの子息）とご一緒に届けてくださった。ただし、このあいだ修二さんは猿舞座の代表ではあったが、修二さん自身は猿を遣っていない。

　猿遣いとしての修二さんに初めて会ったのは、一九八八年九月、埼玉県秩父郡荒川村（現・秩父市）のイベントだった。我われ坂野比呂志大道芸塾は師匠の坂野比呂志*に率いられて催しに招かれ、大道芸を披露した。大道芸といっても、現在のジャグリングやパントマイムなどではなく、日本の口上芸で、そのときも模擬店のテントが並ぶ広場に作られた仮設舞台で、飴売り*やあほだら経*、南京玉すだれなどを演じたのだが、休憩時間にその模擬店をひやかしていると、ひょっこりと修二さんが子猿を抱いて会場にやってきた。たぶんイベントのプログラムには記されていなかったと思う。修二さんにあいさつすると、「いやあ、この子猿は不思議な子でね……」と当方のあいさつとはなんの関係もない話がはじまり、それをきっかけに、子猿を抱いたへんなおじさんを、遠巻きにして不思議そうに眺めていた人たちが、私たちの周りにザワザワと集まりはじめ、こんどはその人たちを相手に「この子猿は特別の猿だから抱っこができる」「いまから抱き方を教えるから抱っこしたい人は並ぶように」というようなことになって、いつのまにか子猿の抱っこ会場が、催しもの広場の隅に作られていた。我われがその日、二度目だか三度目だかの公演を終えて舞台から降りたときにはすでにどこかへ去ったあとだった。

＊坂野比呂志　さかの　ひろし
漫談、大道芸口上師。日本芸術祭大賞受賞。東京都生まれ、一九一一～八九年

＊飴売り　あめうり　飴を売るとき、人集めや余興に歌を歌ったり、踊ったりする

＊あほだら経　あほだらきょう
小さな木魚を叩きながら、滑稽な文句をリズミカルにしゃべる雑芸能

つぎに会ったのは翌八九年七月。昭和から平成へと年号が変わっていた。森尻純夫*さんとサンカ研究会の企画で、早稲田の穴八幡神社近くの空き地で猿まわし実演を見て、そのあと話を聞くというような催しだった。前年の秩父・荒川村では、抱っこだけでたぶん芸らしいことはやっていなかったように思うが、このときは輪くぐりと箱ヤマのぼりをやって投げ銭をもらい、最後に子猿を抱っこするというスタイルだったと記憶する。そのとき、長男の耕平くんも夏休みを利用して同行していた。聞くと、宮城県の唐《から》桑《くわ》（現・気仙沼市）というところの町おこしイベントに招かれており、そこに行く途中だという。私も、知人の誘いで、その催しを見に行くことにしていたので、再会を約して別れた。数日後、唐桑で再会し、そこであれこれ話をするうちに、同行しませんかと誘われた。

その後、何度か電話をもらい、最初に旅に同行したのは翌一九九〇年五月、山形県長井市に、地元のフォークソンググループ・影法師のコンサートに招かれた折のことだった。フォークシンガーの高石ともやさんも一緒で、福祉施設慰問やコンサートの際に呼び込みを手伝って、玉すだれ、輪鼓*などを演じたりした。同年七月には我われが毎年、浅草の木馬亭でおこなっている「大道芸フェスティバル」（この年のサブタイトルは「大道芸ペレストロイカ」）に出演してもらい、さらに翌月は鼓童のアースセレブレーションにも同行させてもらうなど、加速度がつくように同行することが多くなっていった。

結局、それ以後、二〇一三年まで、多い年では年間一〇〇日以上、少ない年でも数十日、猿まわし旅に同行させてもらった。

＊**森尻純夫**　もりじり　すみお　元早稲田銅鑼魔館館長、早稲田大学演劇博物館研究員。東京都生まれ、一九四一年〜

＊**輪鼓**　りゅうご　コマを紐で操る。中国ゴマ、ディアボロともいう。平安時代から室町時代まで、日本の大道芸として盛んに行われていた

◎――おサルの学校1　人類は落ちこぼれのサル

当時、修二さんは「おサルの学校」というプログラムで実演をおこなっていた。これは「今西錦司*との問答」（と修二さんは言っていた）のなかで、「猿を学校に持ち込め」と言われたことから作られた公演プログラムだといい、そのころ、実際に幼稚園から大学まで、学校の授業として取り入れてもらって精力的に実演していた。その公演の一部始終を録音からテープ起こししたものが、『猿曳き参上　村崎修二と安登夢《あとむ》の旅』（前掲）に掲載されているが、いちおう、一般的な実演の概略だけ記しておく。

まず、実演場所を設定する。サルもお客も演技に集中できるように設定したいのだが、これがかなりむずかしい。あまり狭いと演技もできないが、といって広すぎてもいけない。人通りが激しいところもやりにくいが、人が来てくれないのも困る。学校の場合、体育館か校庭で演じるのが一般的だが、保育園だと遊戯室でも園庭でも狭すぎることもあり、苦労することも少なくない。いずれにせよ、もろもろを考慮して場所を設定、道具の入った荷物箱を置く。

公演時間の少し前に、イスと太鼓を出し、太鼓を叩いて人集めをはじめる。猿まわしの太鼓のリズムは「オタフクコイコイ、オタフクコイコイ」という口唱歌で叩くのだと言っていたが、かなり早い間の規則正しい叩き方で、これだけでもかなり修練が必要である。叩きながら、集まってきた人たちに声をかけて、世間話をしたり、ときには歌を歌ったり、また、この場所におサルの姿が見えないので、おサルはどこにいるのかとか話しかけてくる子どもがいたりすると、その子をからかったりして華やいだ雰囲気を

*今西錦司　40頁の注参照

作っていく。

ある程度お客さんが集まったところで演技スペースを作る。お客さんの人数やまわりの状況によってその広さはさまざまだが、七〇から八〇人ぐらいならば、太鼓とイスを中心にして半径五〜六メートルの半円形を演技スペースとする。そしてその周りが観客のスペースとなる。お客さんにはなるべく座り込んで見てくれるように誘導する。学校や幼稚園などの場合は、前もって人数を聞いてその分のスペースを空けて座り込んでもらう。年代が近いものばかりが集まると、騒ぎはじめることも多いので、小学校では一年生と四年生、二年生と五年生、三年生と六年生が隣り合うようにしたりもした。

さあ、演技スペースができて、いよいよ猿まわしが始まるのかと思っていると、お客さんの一人を演技スペースに引き入れて、「気をつけ」の姿勢をさせて、修二さんはその人を右や左、ななめやうしろなどから、ジロジロと、ひとしきり観察して、ひとこと、

「このおサルさんは変わったおサルさんです」

ニホンザルも人間（人類）も、生物学的には霊長類という同じ仲間であることを述べ、ニホンザルを連れてきて猿の演芸をみてもらう前に、このお客さんに人類の代表者になってもらい人類とはいかなるサル（霊長類）なのかについて、パフォーマンスを交えて考察する。「おサルの学校」と名づけた所以である。

まず、猿まわし芸に使う竹で作った輪をひとつ、その代表者（仮にXクンとする）に渡し、修二さんもひとつ持つ。修二さんはXクンと正対し、じっと目を見てから、ゆっくりと「気をつけ」の姿勢をとる。Xクンもそれを見て、なんだかよくわからないながらも、なんとなく「気をつけ」の姿勢をとる。修二さんはそれを見て、今度は輪を両手で

献《ささ》げるように持ち替えて、肩の高さまで持ち上げ、ピッと止める。それを見てＸクンも同じ行動をとる。修二さんはそれを確認して、またゆっくりと輪を下ろすとＸクンも同様に輪を下ろす。それを見て、修二さんは初めてお客さんのほうを向いて、「ほーっ」と息を抜き、拍手する。お客さんも引っ張り出されたＸクンも、なんだかわからずポカンとしている。

「これは拍手しなくちゃダメでしょう」と修二さん。

「ニホンザルには絶対にできませんよ。このサルが人類であることの証拠です。人類も含めてサルの仲間を霊長類といいます。霊とはココロ。ココロを上手に使うことができる動物という意味です。霊長類は約二〇〇種類いて、そのなかに類人猿という種類があります。知能が高い種類で、ゴリラ・チンパンジー・オランウータン・テナガザル、そしてボノボの五つ。そしてさらに特別なのがヒト、すなわち人類です。人類は、相手が何を考えているのかを考えることができる。とても知能が高いからです。だからこんなにオデコが広い。あとからニホンザルという普通のおサルさんが出てきますが、オデコはほとんどありません。人類の二歳ぐらいの知能です。その何万倍も知能が高いのが人類です。この人類は、私が竹の輪を渡すと、真似をしろともなんとも言わないのに、私の目を見て、『ははぁ、同じことをやれというんだな』と考えて、同じことをしてくれました。ニホンザルには絶対にできません。立派に人類であることを証明してくれました。はい、拍手！」

そう言って満場の拍手をもらい、「次に二番目の人類の特徴は唇があってしゃべることだ」と言い、名前を大きな声で言ってもらい、さらにつづけて、

「しゃべりと動きとを同時にやってもらいましょう」と、つぎのパフォーマンスに挑戦させる。

さきほどと同じように竹の輪を両手で献げるように持たせて、今度はお客さんに向かって立ち、片膝を折って地面につけ、輪を持ち上げ、顔の前に出して、輪の中に顔が入る位置で止めて、

「どうぞ……」と言って、Xクンが同じ行動をするのを待つ。

Xクンが同じように行動して、

「どうぞ」と言うと、つぎに、お客さんに向かって、

「よろしくおねがいしまーす」と言いながら、ニラメッコ遊びのときにやる、いわゆるへんな顔をしてお客さんを笑わせる。

それを見てもXクンは、恥ずかしがってすぐにはやらない。しかし、「やってくれないとおサルさんが出られませんよ」などと言って何がなんでもやらせる。

しかたなく、いやいやながらでもへんな顔をしてくれると、それだけでお客さんはたいてい大喜びで、拍手も自然に湧き上がる。それを見て、修二さんは、

「これを阿呆と言います」

お客さんはドッと笑う。

「道化とも言います。人を笑わせるかげで、本人は泣いています。俳優ともいいます……」と言いながら、チャップリンや藤山寛美のエピソードをひとくさり挟んで、芸能というものがきわめて知性を必要とする人間独自の「文化」なのだと説明する。

そしていよいよXクンに最後のパフォーマンスをやらせる。竹の輪を高く投げ上げ

て、落ちてきた輪をしっかりと受け取るというというものである。まず修二さんが、皆が驚くほどの高さ、たとえば体育館の場合なら天井間際まで、野外ならば一〇メートルぐらいまで、投げ上げて、そして落ちてきたところを受け取ってみせる。簡単そうに見えるが、試しにやらせるとたいてい、一度目は失敗する。それを見て、

「サルにこれはできません」

つまり人類がものを投げ上げることができるのは、直立および直立歩行が可能だからで、形態的には足に踵《かかと》が形成されていること、また正確に投げ上げ、さらに落下するものを受け取ることができるのは、手が器用だからで、形態的には親指が発達していると説明し、「さあ、ではもう一度」と再挑戦させる。かなり器用な人でも二度目にできることもまれで、三度、四度と、これもできるまでやらせる。何度目かに成功すると、場内は割れんばかりの拍手喝采につつまれる。修二さんも大仰に喜んで、

「これを芸能と言います。むずかしいことに挑戦していることがわかるから、お客さんはほんとうにできるかな、成功してほしいなあと、みんな、祈るような気持ちで見守っている。投げ上げると、その輪に向かってみんなの心がひとつに集中する。そしてうまくいった途端に、その心がいちどきに解放されて、まるで自分がやったことのように大喜びする。昔、ルソー*という人が作った曲に合わせて、これを歌にしました。

♪結んで、開いて、手を打って、結んで
　また開いて、手を打って、その手を胸に〜*

今日手伝ってくれたXクンに、もう一度拍手。みんなに拍手をもらったことをXクンは一生忘れないでしょう。あと二〇年後、三〇年後、Xクンはこの故郷を離れ、東京、

*ジャン・ジャック・ルソー
フランスの思想家

*作詞者は不明

大阪、あるいは海外のロンドン、ニューヨークあたりに行っているかもしれません。でも街角で、こういう丸い輪をみたときふと思い出すでしょう。そうだ、○○県の○○町の○○小学校に通っていたとき、へんな猿まわしのおっちゃんが来て、へんなことをやらされたな。あのときのみんなは元気だろうか、○○学校はどうなっているだろう、○○町はどうなっているだろう……。いろいろなことを考えるでしょう。これを記憶といいます。ニホンザルは二歳の知能しかありませんが、人類はその何万倍も知能が高い。味覚も視覚も聴覚も触覚も嗅覚も、五感はすべてニホンザルよりはるかに劣ります。つまり人類は落ちこぼれのサルです。しかし知能だけは何万倍も高い。その知能を活かすために何万倍も学習しなければ生きていけないのが人類です。人類は学習し記憶に残すことで生きてきました。これを文化といいます。人類というサルの仲間がどんなに不思議なサルであるかわかったと思います」と言い、いよいよおサルさんを連れてくる。

ここまでが前段である。

◎――おサルの学校2　サルの学習風景

サルを連れてくるまでの時間つなぎが私の役目で、玉すだれ、輪鼓、綾採*、傘まわしなどをやることが多かった。七、八分でサルを連れて修二さんが帰ってくると、ようやく猿まわしの始まりである。同行者である私もお客さんのなかに入り、可能ならば主催者にも入ってもらう。子どもなどが演技スペースに立ち入らないよう注意するのも重要な役目だった。

サルを連れてくると、まず地面にドッカと腰を据えて、サルを膝のうえに乗せて、ひ

＊綾採　あやとり　三本の棒を操る。大神楽の曲芸のひとつ。西洋のジャグリングではデビルスティックという

と休み。修二さんのプログラムは、伝統的な猿まわし芸を見せるのではなく、サルに学習させるところを皆に見てもらうというスタイルだった。つまり、自身をサルの先生、サルを生徒に見立てての授業風景である。しかし膝の上にいるうちは、まだ授業前である。修二さんは先生ではなく保護者という関係で、このときサルはまだリラックスしている。ここでサルに着物を着せ、手綱をつけるところから見せていく。このあいだも修二さんはしゃべり詰めである。手綱をつけないと保護者の手もとを離れて帰ってこないこと、手綱がなくてもけっして逃げたりはしない、なぜなら逃げたとしても生活できないから。逆に離ればなれになることをとても怖がり、叱るときに「バイバイ」と言って手綱を放すと、ギャーギャー鳴いて、しがみついてくること……などなど、手綱についてだけでも話題はいくらでもあった。なお、簡単そうに見せてはいたが、人前で手綱を付け着物を着せるのはかなりむずかしい技術なのだとあとから聞かされた。

そこまでの準備ができると、いよいよおサルを膝から離して、芸の始まりとなる。最初は木登り。六尺ほど（約一八〇センチ）の丸棒のさきに四角い箱ヤマを取り付けたものを立てて、サルに登らせる。考えてみればサルが木登りするのは当たり前なのだが、目の前で、あっという間に登るその速さに、思わず「おーっ」とどよめきが起きる。たいがい、しばらくおサルは棒のてっぺんの箱ヤマに腰掛けて休憩する。そのとき、修二さんはおサルが、前足だけでなく、うしろ足でも棒をしっかり握っているのをお客さんに見せて、人間の足との違いを説明し、その昔はうしろ足までが手のように使えるところから、日本ではサルを「四手類」と呼んだと、補足する。

木登りは得意だが、歩くのは苦手。それでも歩くところを見てもらいましょうと、太鼓に合わせて二足歩行させるが、数メートル歩いてやめてしまう。お客さんにはなんだか拍子抜けして見える。

「これは拍手が必要ですよ。うしろ足は手と同じなんですから」と言って、二足歩行訓練の様子を再現してみせる。

まず太鼓のバチを握らせる。

「いま、こうして握ってくれたので、簡単だと思うかもしれませんが、なかなか握ってくれませんよ。好奇心が強いので、私がバチで遊んでいるとおサルも興味をもってつかむときがある。そうしたら褒める。ああ、つかめばいいんだなとわかる。そうやってバチをつかむことを覚えたら、そのままこうして一緒に歩くとうしろ足で直立して歩いてくれる」と言いながら、腰を屈めて膝を折り曲げて、膝を抱えたような格好で、イチニ、イチニ……と歩いてみせる。おサルと目の高さが同じなので、おサルは歩きやすいのだが、いつも腰を屈めているので人間はきつい。そこで綱を持たせる。

「棒を持たせた姿勢では長時間歩くことはできない。でもこうすると先生は腰が伸びるので楽です。よし、あの木まで歩いて行ってみよう、あの森まで歩いて行ってみようと。そうやって毎日毎日、繰り返し繰り返し続ける。だんだん足を作っていく。そしてようやく、綱も持たない、棒も持たない。自分で歩く」

と言いながら、太鼓を叩いて、おサルに一人歩きさせると、さきほどと同じ程度の距離を歩いただけでも大きな拍手が湧き上がる。興がむくと「こんなこともできます」と逆立ち歩きもさせた。

もうひとつ、箱ヤマを使った「ヤマユキ」も定番だった。四手類であるニホンザルに、人間のような足を作るもうひとつの訓練という位置づけだった。イスの上に箱ヤマを乗せて、その上で直立させるもので、歩く＝「直立の歩行」に対して、こちらは「直立の静止」である。イスの上に箱ヤマをひとつ乗せて、その上に立つだけなら、さほどとは思わないが、箱ヤマを二つ、三つと増やしていくと、しだいに安定が悪くなっていく。その頂上におサルがスルスルとよじ登って直立し、グラグラしながらもバランスをとっている姿は、ハラハラ、ドキドキで、しかも、なかなか健気にも見えて、拍手も多かった。

このヤマユキの締めに演じるのが「一本杉」である。イスの上に、最初に木登りに使った箱ヤマをつけた六尺棒を立てて、ここに登らせて、その上に直立させる。「おサルの学校」と銘打ったように、学習の過程をみせる授業という体裁ではあるが、高さ六尺もの棒の上で直立静止するおサルの姿は感動もので、こうなると学習過程をこえて「芸能」になっていた。このあたりから猿まわしらしい形になっていく。

まずは前段でも使用した竹の輪を、一本から三本まで使っての「輪くぐり」のバリエーションを見てもらう。猿まわし芸の定番である。一本目。地面の上に輪を立てて、これをくぐらせて「もぐら」。地面から二〇から三〇センチぐらい上にかざして、これをくぐらせて「トンボ」というように、おサルをほかの動物の姿に見立てていく。ここまでが準備運動、つぎから本番で、歌が入る。最初は「うさぎ」。地面から一メートルぐらいの高さに輪をかざして、輪を月に見立てて歌う。「♪一丁抜けるが十五夜の　月の光のその中を～」と歌って、おサルにジャンプさせてくぐらせ、さらに「♪もとへもとへと抜けもどる～」で、もう一度くぐって帰らせる。

つづいて「ウグイスの谷渡り」。二つの輪をくぐらせる芸で、片手に一つずつ輪を

一本杉（演者·村崎修二と安登夢〈3代目〉／提供·上島敏昭）

ヤマユキ（演者・村崎修二と仙水）

鯉の滝登り（演者·村崎耕平と夏水／提供·太田恭治）

ウグイスの谷渡り（演者・村崎修二と仙水）

天神様（演者・村﨑修二と安登夢〈3代目〉／提供・上島敏昭）

風花（演者・村﨑修二と安登夢〈2代目〉／撮影・中村脩／提供・鼓童）

持って両手を広げ、「♪飛んでウグイス谷渡り　谷から谷への、ホーホケキョーの　谷渡り」と歌って、おサルに二本の輪をひと飛びでくぐらせ、さらに「♪もとへもとへと抜けもどる〜」で、くぐって帰らせる。

つぎに「鯉の滝登り」。「ウグイスの谷渡り」は、猿に水平飛びをやらせたが、これは輪を垂直方向に二本並べて、垂直跳びさせる。「今度やるのがむずかしい。二つ重ねて、鯉の滝登りともうします」でくぐらせ、「♪もとへもとへと抜けもどる〜」で戻す。

最後に輪を三本使用する。これは三本の輪を交差させて球のような形を作り、その球をくぐらせる芸で、名づけて「天神様」。三本の輪が交差していて、抜けるための道が狭いのでむずかしい。歌は「♪通りゃんせ　とおりゃんせ〜　ここはどこの細道じゃ〜」と歌って抜けさせて、戻らせる。帰りは同じ道を戻らないと手綱が輪にからんでしまうので、おサルに集中力が必要で、さらにむずかしい。歌は「♪行きはよいよい　帰りはこわい〜」。だが、歌わないことも多かった。それだけむずかしかったのだろう。

以上が、輪くぐり。そして最後は放下芸《ほうか》で締めくくった。大神楽の曲芸を取り入れたもので、風花《かざばな》という。おそらく修二さんの編みだしたものだろう。まずイスの上に、手綱とは別に、一メートルぐらいの綱を置いて、その上に「一本杉」と同様に六尺棒を立てる。それにおサルを登らせ、今度は頂上に座らせる。しっかり座っていることを確認してから、綱の両端を持って、棒を立てたまま、ゆっくりと持ち上げる。ゆらゆら揺れる綱の上に棒が直立し、その上におサルが座っている。持ち上げる人間と上に乗ったおサルとが一体となった手に汗にぎる曲芸で、大きな拍手をもらって終了となる。

ここまで、前段も含めて一時間をすこし越えるぐらいの時間がかかった。小学校の一時限の枠を越える、長時間プログラムである。

芸は終了だが、そのあと投げ銭をもらうというのが私の役目だった（学校では基本的には投げ銭はおこなっていない）。おサルが手元にいるので、修二さんは自由に動けないからだ。投げ銭のときも、演技スペースの中はおサルの安全領域で、ここに人が入ると危険なので、私も入れない。そんなこともはじめはわからなかった。

◎――初代安登夢

かなり特殊な猿まわしだと感じられたのではないだろうか。おサルと人類との形態上の比較をして解説を加え、サル学研究のエッセンスを取り入れつつ、芸能としてはぬけぬけと最後に投げ銭までいただく。こんなヘンテコな猿まわし芸のプログラムを作ったのは、修二さんによれば、ひとえに、今西錦司さんが「学校に持ち込め」と言ったからだという。何度かその意味を修二さんから聞いたのだが、何やら哲学的で、奥深くて、私には簡単に理解できそうもなかった。

また、今西さんの言葉との関連で、猿まわしは自然のメッセンジャーとも言っていた。一九九〇年当時の日本はいわゆるバブル経済は破綻したものの、米国に次ぐ経済大国であり、高度経済成長による日本列島の自然破壊が問題となっていた。そしてそれは日本だけでなく、地球規模で考えるべき問題であり、なんらかの手を打たねば……、人間と自然との共生が必要なのでは……、という考えが一般にも浸透しはじめていた。そうした認識にたてば、おサルと人間が一緒に暮らし、一緒に芸をする猿まわしという存在は、未来の地球を考える絶好の素材だったのだと思う。

しかし、そんな小難しい能書はともかく、当時でもすでに、家畜として牛や馬を飼育する家がほとんどなくなっていたため、子どもたちがペット以外の野生の動物を目にする機会はごく限られていた。猿が畑の作物を荒らす「猿害」という言葉は生まれていたが、それをどのように防ぐか、猿と遭遇したらどう対応したらいいのかなどについては、だれにもわからず、そんな意味でも猿まわしという芸能はきわめてインパクトが強かった。また、そんなことを考えてもらう機会を作るというだけでも猿が学校にやってくることの意味はあったと思う。とくに猿舞座の地元である山口県では、県をあげてこのプログラムに取り組んでくれたので、県内すべての小学校を二、三年かけて巡回することができた。私も何度か同行させてもらったが、子どもたちは普段の授業とは違うので興味をもって見てくれて、とても評判はよかった。もっとも学校が授業として受け入れてくれたのは、今西さんの真意を理解したとか、自然のメッセンジャーだからというより、もっと単純な理由だったように思う。当時、猿まわしが復活されたというニュースはかなり脚光を浴びたので、だれもが猿まわしを知ってはいた。しかしなかなか実見することができなかった。したがって日本文化の鑑賞会というような枠組みならば授業に取り入れやすかったのだろう。

私が同行させてもらうようになった一九九〇年当時に修二さんが遣《つか》っていたおサルは、安登夢《あとむ》といった。安らかに登る夢。修二さんはこの名前に愛着があり、一九九四年にこの安登夢が事故死したのち、つぎのおサルにも同じ名前をつけて、何代目の安登夢というような呼び方をしていた。余談だが、「周防猿まわしの会」在籍当時、修二さんが遣っていたツネキチというおサルも、会で名前をつける以前は「アトム」といったそうで、これを初代アトムと言ったりもするが、ここでは猿舞座で修二さんが最初に遣ったおサルを初代安登夢と記述していく。

初代安登夢は神奈川県丹沢生まれのオスで、当時、五歳。修二さんによれば、和秀雄*さんが、母ザルからはぐれて弱っていた子ザルを保護し、研究室で学生たちと一緒に飼育していた。それを猿舞座でもらいうけた。生まれてまもなく人間の世界に入ったので、人間と目を合わせることができるようになった不思議なおサルだと修二さんは言っていた。一般的には、サル山などに行くと、猿と目を合わせると攻撃してくるので目を合わせないようにと注意されるが、安登夢は修二さんの目をジッと見つめてくれると言って、演技に入る前、膝に抱いたままで目と目を合わせて見つめ合うということもやっていた。

そして演技が終了してから、お客さんに抱っこさせた。普通のおサルは、見つめるだけでも攻撃してくるのだから、抱っこできるというのは、かなり特殊ではある。修二さんはこの「抱っこができる」ことこそが安登夢の特徴であり、まさに今西錦司さんの要望だからと、時間があるかぎり、たくさんの人たちに抱かせていた。ペット以外の動物に触れることのなくなった子どもたちに、牛馬よりもより野生に近いニホンザルに触れてもらうことで、自然について何か感じてもらいたかったのだと思う。

「こんなことは、一生に一度のことなのだから」と言いながら、一時間以上、つぎつぎと子どもたちに抱っこさせていたこともある。もっとも安登夢が小さいうちは何十人に抱かせることも可能だったが、大きくなってくるといくらなんでも危険で、たしか安登夢が七歳になったころ、やめた。修二さんの話では、おサルの年齢を人間に換算する

*和秀雄　にぎ ひでお　獣医学、元日本獣医畜産大学教授。鹿児島県生まれ、一九三九年〜

安登夢〈2代目〉と村崎修二（撮影・中村脩／写真提供・鼓童）

安登夢〈2代目〉と村崎修二（提供・村崎修二）

とき、三倍から四倍するそうで、とすると七×三、二一。ちょうど成人するころだ。安登夢を見ていると、五歳のちょっと前ぐらいから急に攻撃的になったが、八歳を超えたぐらいからだんだん落ち着いてきた。人間に換算すれば一六、七歳から二四、五歳に相当する。私自身にあてはめれば思春期で荒れていたころである。安登夢が攻撃的になったのも同じようなものではなかろうか。この年齢のおサルをどう遣いこなしていくかというのは昔の猿まわし芸人も苦労した問題だったらしい。

抱っこができる、人間と目と目を合わせる、ある意味では優しそうな安登夢だが、同行者である私には逆に攻撃的になることも多かった。同行した最初のころ、お客さんが演技スペースに入って来たりしては危ないので、私も出演者として演技スペースの中からお客さんを誘導しようとしたことがある。そうすると修二さんに「あなたもここから出ないと危ないですよ」と言われ、ちょっとムッとし、疎外感も覚えた。だが、猿まわしは「親方」である遣い手が、「太夫」であるおサルを、一対一の関係だけで仕込んでいるので、同行者だろうと共演者だろうと、おサルにとっては無関係。はっきりいえば邪魔者なのである。

こんなこともあった。修二さんと安登夢コンビが一九九〇年の夏、大阪「花の万博」に出演していたとき、まだ私は同行させてもらう前で、修二さんはAさんという方に手伝いにきてもらっていた。宿舎は京都で、そこから会場まで自動車で毎日通っていた。私がある用事で京都の宿舎を訪ね、ここから会場まで連れて行ってもらったときのこと。安登夢は私を見ても別に何の反応も示さなかったのに、Aさんを見た途端に急に興奮して、飛びかからんばかりに威嚇する。修二さんによれば、この仕事はかなりハードで、時間も長く、しかも好天つづきで暑い。さらに毎日、同じ行動ばかりでつまらない。いやでいやでしかたがない。そこでAさんに怒りをぶつけているとのこと。

「こいつ（Aさん）がいるから、こんな仕事をやらされる。もうやりたくないという意思表示なんじゃろう」と修二さんは言うが、つまりヤツアタリで、「こんなに毎日手伝っているのに。悪いことは何もしてないのに」とAさんはしきりにボヤいていた。当然、私が同行するようになってからは、私が安登夢の標的になった。

演技中に、突然、私に向かって威嚇することもあった。ヤツアタリだから何が悪いというわけではない。理不尽な話なのだが、そんなときは私が安登夢から見えないところに隠れるしかない。出演者なのにみっともないし、お客さんはどう思うのだろうと考えると、とても情けなくなったこともたびたびだった。

◎――美しいサル

「猿まわしなんてものは、ウンコとの戦いよ」

修二さんの奥さん（桂子さん）は、初めて会ったとき私にそう言い放った。

猿という動物は、自然界では本来、人前に姿をさらすことがあまりないので、人間の集団のなかに連れてくるだけでもとても困難である。猿まわしは、さらに衆人監視のなかで芸を演じさせるのだから、普通の人が想像するよりはるかにむずかしい芸能である。そのために、野生の猿がけっしてやらない訓練をする。その訓練方法のひとつが、親方が「ボスザル」になって太夫であるサルをその支配下に置く訓練法、いわゆる「叩き仕込み」である。修二さんたち猿舞座では、そうしたスパルタ的な訓練はせずに、コミュニケーションで芸をするような訓練法（本仕込み）をとっていた。しかし、それでもおサルには自然界にいるときとは違うストレスを与えざるを得ない。強いストレスを感じるとおサルはウンコ、シッコをする。自然界では、排泄して体を軽くして逃げるそうだ。要するに、自然界ではありえないストレスを与えつづけるのが、猿まわしという芸能であり、したがって、ウンコ、シッコとの戦いは、猿まわしの宿命なのである。

もっとも猿まわしの仕事には、芸を演じる以前に、おサルに物を食べさせ、排泄物の処理をし、運動させたり遊んでやったりして、ぐっすり眠らせてやるという、動物飼いとしての仕事がある。時間にすれば、人前で芸を演じるのはほんのわずかで、むしろ健全に飼育することこそが猿まわし芸人の本領ともいえる。安登夢を人前に連れてくると、小さいころは「かわいい」という声がお客さんから聞こえたが、大きくなってからは「オーッ」というどよめきと「きれい」というつぶやきがお客さんのなかに広がった。たしかに動物園や各地の野猿公園のおサルしか見たことがない眼には、とくに寒い季節などは、ふさふさした毛並みがキラキラと光ってとても美しく見えた。一九九二年、大阪人権博物館で「猿の文化史」という催しにでかけたとき、修二さんとの対談に訪れた広瀬鎮*さんは、安登夢を見て「これはきわだって美しいサルだね」とおっしゃっていたが、まんざらお世辞ばかりとも思えなかった。そんなこともあったからだろうか、お客さんの反応を見ていてそうなっていったのか、修二さんも芸能としてレベルの高いものを見せるというより、ニホンザルの自然な美しさを見せる方向へとしだいに変わっていった。自身でも、「猿まわし」と言われるより、「猿飼い」とか「猿曳き」と言われたほうがうれしいと言うことが多かった。

＊広瀬鎮　12頁の注参照

美しいサルを育てるコツはストレスを少なくすることである。簡単そうだけれど、これはむずかしい。猿舞座の本部（山口県・光猿館《こうえんかん》）にいるときは、基本的にはストレスなしだが、猿まわしの旅に出たらそういうわけにいかない。そもそも猿まわし自体が強烈なストレスだ。せめて演技スペース（安全領域）を広くとって、邪魔になりそうなもの、気にしそうなものは排除する。演技中でも、さきほど書いたように安登夢のヤツアタリを許して、人間である私のほうが引っ込む。そんなふうにしてストレスを高めないよう、できるかぎりの工夫をした。そして猿まわし芸が終わったら、すぐにのんびり休ませてやる。

とはいうものの、旅自体がストレスだ。人間だって旅は疲れるのだから、おサルにとって旅はストレスのかたまりだと思う。ストレスを溜めさせない、溜まっても解消させる。そのための方法として、修二さんは猿まわしのときに、おサルを自動車から出す時間を最小限にしていた。自動車は移動手段であると同時に、楽屋でもあった。ワゴン車のなかに木製の小屋を積んで、この小屋のなかでおサルに生活させる。光猿館でも一頭ずつそれぞれの木小屋に暮らしているので、これが自分の住み家だとすぐに認識するようだ。鉄格子の檻で飼育していると想像する人が多いが、鉄檻だとそれだけでストレスを感じて、自身の毛を抜いてしまうことも多いという。某所で飼育されていたおサルがそれで全身が脱毛していて、私はあまりの痛々しさに目をそむけたことがある。

木小屋は正面に大きな窓を切って、そこに丈夫な金網が張ってある。だから安登夢は外を見ることができる。また修二さんは運転しながらでも車内ミラーで安登夢が何をしているのか見られる。出入り口は側面の下方に、茶室のにじり口のような小さな開口部があって、スライドキーをかけ、さらにそこに錠前をかけて脱出を防ぐ。小屋の底には木のクズを敷いて、これが絨毯《じゅうたん》でもあり、夜寝るときの布団でもある。昔、牛馬小屋ではワラを敷いていたので、同様にしようと考えたものの、ワラを手にいれるのがむずかしく、木クズにしたとのこと。排泄もこの中ですませるので、自動車の中はいつもおサルの排泄物の臭いで充満していた。犬猫と違って排泄場所を別のところに作ったりはしない。そういうしつけはおサルにはできないと修二さんは言っていた。その代わり、夏ならば毎日、冬でも数日で、底に敷いた木クズを取り替える。おサルが小さいうちはいいけれど、大きくなると、小屋も大きくなるので、木クズの取り替えは骨の折れる作業だった。そういう意味でも、猿まわしはウンコとの戦いであった。

猿舞座初期のころ、旅に出ると夜寝るときは親方と同じ部屋におサルを持ち込んでいたというが、私が同行するころは、親方は宿舎、おサルは自動車の中の小屋と別々で休む形になっていた。また、おもしろいことに、この木小屋はワゴン車の荷台に積んであるだけ。固定してない。だからおサルは気に入らないことがあると、木小屋自体をガタガタと揺する。なんとかしろという合図なのか、怒りを爆発させているだけなのか知らないが、自動車を走らせている最中などに突然うしろで、ガタガターッと揺すられるとびっくりする。これもストレス解消のひとつなので、わざと自動車に固定せず、ガタガタと木小屋を揺する自己主張を認めてやっているのだと言っていた。東京で路上駐車して知人の家を訪ねたとき、修二さんが車から離れているすきにガタガタとやられ、自動車自体も揺れるので、近隣の人が不審に思い、一一〇番通報されて警察沙汰になったこともあったらしい。

猿まわしを終えて自動車まで戻ると、おサルは自分からこの小屋の中に、「あーあ、くたびれた」とでも言うように、そそくさと入っていく。ひと仕事終えたあとは、小屋の中で何か美味しいものを食べさせてくれるので、それが目当てなのかもしれないが、かわいらしいものではある。同行しはじめたころ、「車体におサルの絵でも描いたらかわいくて宣伝にもなっていいんじゃないですか」と言ったことがある。すると修二さんは即座に「そんなことしたら人が集まってきて休むこともできない。知られないようにしておかないと」と言っていたが、まったくそのとおりだった。

また修二さんにとっても、そして必然的に私にとっても、この自動車が楽屋で、主催者が楽屋としてひと部屋用意してくれても、その部屋には入らずに自動車のなかで出番までの時間をつぶすことが多い。なまじ楽屋に入ると主催者に気を使ったりするので、自動車の中にいるほうがのんびりできる。そういう意味ではサルもヒトも同じだ。

◎——自動車の旅——一年で地球を一周

自動車は猿まわしにとって、ほんとうに便利な道具だった。猿まわしの旅は、江戸時代は、船を使うことはあっただろうが、あとはひたすら歩くだけ。明治、大正、昭和となると、汽車で移動してどこかに拠点を定め、そこからは自転車を利用して地域をまわったりしていたという。自動車の利用は猿まわし復活以降のことになる。自動車は移動の手段というだけでなく、前述のように楽屋であり、ときには宿舎にもなった。おそらく自動車がなければ猿まわしの復活はなかったと私は思う。

私が同行させてもらうようになった初めての旅は、東京から山形県長井市までだった。この旅は山口県を出発して、その日は京都に泊まり、翌日、共演者である高石ともやさんを乗せて、さらに途中、東京で私をピックアップして山形県長井市に入るという行程だった。一二〇〇キロ以上を二日間で走っている。猿まわしの、わずか一時間程度の実演のために、移動に費やす時間は往復で四日。要するに、修二さんは移動のあいだの話し相手として私に声を掛けたのだと思う。

ちなみにこの年、一九九〇年一一月、ひと月の修二さんの移動をみると、つぎのようになる。（前掲『猿曳き参上』より計算）

一～九日…光猿館↓五一三km↓四日市・農業まつり↓七二四km↓福岡市・九州産業大学学園祭↓六三六km↓宇治市・山田中学↓四一九km↓光猿館
一〇日…光猿館↓山口県山陽町・はぶ祭り　往復二三〇km
一一日…光猿館↓宇部市・西際波公民館　往復二一二km
一二日…光猿館↓防府市　往復一三〇km
一三日…光猿館↓防府市　往復一三〇km
一四日…光猿館↓下関市内　往復三〇〇km
一五～三〇日…光猿館↓五四四km↓名古屋市・尾張農協まつり↓二一三km↓和歌山県那賀町↓一九八km↓京都市嵯峨野↓一七〇km↓和歌山市↓二〇km↓海南市↓二〇km↓和歌山市↓三七km↓日高町↓一二〇km↓大阪府吹田市↓二三六km↓鳥取県大栄町↓七六〇km↓東京都足立区↓一三km↓埼玉県越谷市

単純計算すれば、この一カ月で、五六二五キロ。年に換算すれば六万キロを超える。地球一周が約四万キロだというから、それをはるかに超える距離を毎年運転していたことになる。

この記録を見て驚いたのは、一一月一九日。まず和歌山県那賀町で公演したあと、京都市まで、約二〇〇キロも移動してふたたび公演している。かなりなハードスケジュールだ。私が同行しはじめてからでは、一九九七年だったと思うが、佐渡で夕方に公演し、大急ぎで夕日が落ちるのと競争するように車を走らせて、フェリー乗り場に到着。ここから二時間フェリーに乗っているあいだに仮眠して、新潟港から、約九五〇キロを走り続けて、翌朝一〇時、広島市内で公演した。こんなことができたのも、自動車あればこそ。同時に、自動車道路が全国に整備されておればこそ、であった。

日本の高速自動車道路は一九六五年に名神高速道路、一九六九年に東名高速道路が開通して、東京―大阪をつなぐ幹線が完成して以降、着々と整備が進んでいった。そして高速道路網が結実するのが一九八〇年代だった。一九八二年・中央自動車道、一九八三年・中国自動車道、一九八五年・関越自動車道、一九八七年・東北自動車道がつぎつぎに開通し、一九九五年に九州自動車道が全線開通して、青森県から鹿児島県までが、高速道路網で結ばれる。この新しいネットワークを最大限に利用したのが猿まわしという芸能だったといえるだろう。

光猿館は、山口県熊毛半島の真ん中あたり、山の中の集落にある。周りには田んぼが広がり、近くに川が流れ、ゆったりと時間が流れていく小さな村である。ニホンザルを飼育するにはとても好条件だが、船に乗るための港へも、汽車に乗るための駅へも歩いて行けば何時間もかかる。普通に考えれば、ここに住んで芸能活動をおこなうのはむずかしい。ところが、自動車があればどこに行くにもさほど不便はない。さらに一九九〇年に山陽自動車道の熊毛インターチェンジ、九二年に玖珂《くが》インターチェンジが、あいついで開設されると、どちらにも三〇分以内で行くことができるようになった。このおかげで、たとえば広島市内ならば一時間程度、岡山市内や福岡市内でも三時間程度で行くことができる。無理をすれば大阪の仕事ぐらいなら日帰りも可能となった。自動車道が整備されたおかげで、西日本で活動するならば、光猿館の場所は絶好のロケーションとなったのである。

◎――自動車のなかのよもやま話―「解放運動家ムラサキ」

運転中も修二さんはよくしゃべった。

猿まわし復活のエピソード。宮本常一さんから教えられたこと。今西錦司さんとの問答のこと。あるいは猿まわし以前に打ち込んでいたという、演劇の話。とりわけ東京にでてきて舞台芸術学院*に通っていたころの話や、そのころ見た芝居や俳優の話も多かった。私も演劇は好きだったので興味深く聞いたり、私の見た芝居の話をしたりなどした。また、猿まわしの調査や復活事業を通じて、いわゆる大道芸、放浪芸にも通じていたので、いろいろな情報を教えてもらった。佐賀県のバナナの競り売りの北園忠治さんや伊勢大神楽の太夫さんと知り合うことができたのも修二さんのネットワークからだった。それから、幕末・明治維新期の話も好きだった。坂本龍馬、高杉晋作、西郷隆盛といった歴史上の名前がまるで友達のように飛び出し、公武合体、長州征伐、蛤御門の変などなど、中学のころ、授業で習った歴史上の事件を昨日のことのように話すのには唖然とした。私にはほとんどチンプンカンプンで、これは修二さん個人のキャラクターだ

＊舞台芸術学院　51頁の注参照

と思っていたが、のちに萩市の飲み屋で同郷の人たちと五、六人で、吉田松陰が、桂（小五郎）が、大久保（利通）が……と、修二さんと激論を交わしているのを見て、明治維新話で盛り上がるのは山口県人の特徴なのだと知った。

歴史の話はそれだけでなく、猿まわしとも関連している。江戸時代を通じて、毛利藩の猿曳きたちは萩の城下に集団で生活していた。それが大正期には瀬戸内側の熊毛地方に住まいを移している。しかしこの移動がいつごろのことなのか、わからない。修二さんは、それが維新期の動乱と関係があるのでは、もしかしたらそのころ高杉晋作の奇兵隊に触発されてつぎつぎに結成された諸隊と関連があるのではないかと、さかんにその動向を調べていた。宮本常一さんの紹介で司馬遼太郎さんを訪ねたときもそんな話をしてきたらしい。いまでもその「謎」を追い続けているが、いまだに確たる史料はみつかっていないようだ。

しかし、自動車のなかの話で私がもっとも印象深かったのは、部落解放運動の話だった。私は門外漢で知らないことばかりだが、修二さんがこの話を始めるとほとんどとどまることがなかった。仲間たちで某市役所を占拠し、籠城して、警官隊と渡り合った話。市長に土下座させた話。国民体育大会開催のために被差別部落を立ち退かせようする行政に立ち向かった話。どれも痛快青春活劇とでもいうような趣があった。

あるとき「解放運動家ムラサキ」の残滓とでもいうような場面に出会ったことがある。

平成の米騒動と言われた年だから、一九九三年の夏。萩市内から山あいに入ったお寺に宿泊させてもらい、近所の福祉施設などを巡演していた。冷夏で記録的な不作、全国的に米ドロボーが流行してニュースでも盛んに取り上げられており、こんな山あいでもどこそこで米ドロボー事件があった、などという話が日常の話題になっていた。そのとき自動車を走らせていると、警官が出て検問しているところにぶつかった。スピード違反かと思ったが、乗用車はスルーさせているが、トラックとワゴン車は軒並み停められている。

「なんじゃろうな」と村崎さん。

「さあ、スピードじゃないみたいですね。何か事件でしょうかね」

などと話しているうちに検問所にやってきて、前のトラックも、つづいて我われのワゴン車も、脇道に誘導されて停車させられた。前のトラックは積荷を調べられている。ははぁ、これは米ドロボーの検問だと気がついた。若い警官がやってきて、横柄な態度でウィンドを下げさせて命令した。

「はい、免許証みせて」

修二さんが出して渡すと、それを開きながら、ワゴン車のなかを覗き込んで、

「荷台、ナニ積んでるの？」

「猿です」

「えっ、……ナニ？」

「猿です」

「猿って、何するの？」

いかにも胡散臭そうに尋ねる。

「猿まわしです」

「エッ……」と言って、免許証をじっとみつめた。それから、

「ムラサキ……」とつぶやいて、しばらく絶句し、絞り出すような声で、

「村﨑センセイでいらっしゃいますか……」

センセイに変わったのには驚いた。同時に、さきほどの横柄さも消えていた。

「失礼いたしました。……どうぞこちらへ」

へりくだった態度で、車の横について小走りで、脇道の出口まで誘導し、

「ご協力ありがとうございました」と帽子をとって、最敬礼で見送ってくれた。若い警察官に見送られてしばらく走ったのち、

「ムラサキの力、すごいですね」と言うと、修二さんは、

「まだ少しは力があるようじゃな」とつぶやいた。

解放運動から遠ざかって一〇年以上経過しても警察官をビビらせるのだから、現役時代はさぞや……、である。正直なところ、解放闘争の武勇伝は話半分に聞いていたところもあるのだが、まんざら作り話というわけではないことを実感した。

修二さんによれば、東京での演劇活動から一時撤退し故郷に戻ってきたが、あらためて東京に出るつもりだったという。ところがそのときに、山口県の解放運動のリーダーだった山本利平*さんに、「一〇年間だけ解放運動を手伝ってくれ」と頼まれて、その事務局の専従になって、組織づくりのために山口県じゅうを奔走することになった。修二さんのお父さんは早くに亡くなったが、社会活動家で、修二さんの兄さんたちも解放運動の闘士だった。そんなことから白羽の矢を立てられたのだろう。この一〇年は、同和対策事業特別措置法（一九六九年制定）の実施された一〇年間で解放運動の激動期であ

*山本利平　やまもと　りへい　部落解放運動家として戦前・戦後を通じて活躍、山口県会議員。山口県生まれ、一九〇三～八六年

る。修二さんも大活躍し、山口の村崎兄弟といえば解放運動で知らない者がなかったらしい。また解放運動団体の代表として政府への要求のためにたびたび上京した。そこを小沢昭一さんにみこまれて、猿まわしの調査を依頼されたのが、そもそも猿まわしとの関わりで、上京のたびに小沢さんに報告するようになった。解放運動でも修二さんが熱心に取り組んだのは「文化」の問題で、丸岡忠雄*さんを中心に定期的に勉強会を開いたり、自分たちの想いのたけを歌うフォークソングにも打ち込み、自作したり、グループを結成してコンサートをおこなったりもした。猿まわしの調査・研究も、そうした被差別部落の文化活動のひとつだった。

修二さんにとっては猿まわし復活も、最初は解放運動の活動の一部という感覚だったのだと思う。自動車の中にいつもギターを積んで、暇さえあれば歌っていたが、これも解放運動の文化活動のなごりなのだと思う。私などには、修二さんの猿まわしが、ときに伝統的な猿まわしの復活という軌道からズレているように見えることもあるが、解放運動という観点からみれば、一貫していた。

＊丸岡忠雄 13頁の注参照

◎——二代目安登夢

一九九四年一二月、安登夢が事故で死んだ。連絡があったときは、あまりにも突然のことに言葉もなかった。そのとき修二さんも指を怪我して治療していると聞かされた。翌年一月一七日に阪神淡路大震災があり、さらに地下鉄サリン事件がつづき、テレビも新聞も雑誌もオウム真理教事件で一色に染まっていた春三月、花見の催しに、佐賀県鹿島市で修二さんと合流した。修二さんは小さなおサルさんを連れていた。トムと名づけたとのこと。のちの二代目の安登夢である。当時二歳。オス。京都、嵐山モンキーパークで生まれ、育てられていたものを急遽もらいうけた。初代の安登夢が一〇歳を超えた成獣で怖いほど大きかったのに対し、こちらは小さくてなんとなくしょぼくれて見えた。修二さんの指の怪我は思いのほか重症で、手当てではなく、手術して本格的な治療をした。そのため右手は自由にならず、本人は地震になぞらえて「震度一〇ぐらいの事故」と言っていたが、まったくそのとおりで、猿を遣うどころではなかった。そこで、奥さんも一緒に来て、奥さんがおサルを遣った。簡単な輪くぐりで、「ウサギ跳び」「ウグイスの谷渡り」「鯉の滝登り」ぐらいだっただろうか。奥さんが遣うとは思ってもいなかったので、びっくりした。

「ナニ言ってんのよ。みんな旅に行ってるんだから、そのあいだに最初のしつけは（どのおサルも）私がやってるのよ」

へえー、そうだったのか。猿の調教はむずかしいと聞かされていたが、ほんとに最初の猿の手ほどきをやっていたのは奥さんだったのかと、とにかく驚いた。猿まわしは家族全員で取り組む職業だと思ったのを覚えている。小さいおサルさんは、出てくるだけでかわいい。それがチョコンと輪っかを跳び抜ける姿は、なんとも微笑ましくて、見ているこちらが、全身から力が抜けていくようだった。初代安登夢のときは修二さんが安登夢を叱咤激励し、あらんかぎりの力をふりしぼってジャンプさせていた。それを見て我われも思わず体中に力がはいったものだが、それとはえらい違いだった。このチビ猿は、迫力はまったくないが、なんとなくユーモラスで、同じ輪くぐりという芸でも、年齢によってぜんぜん別の趣になるというのがおもしろかった。

*今福優　いまふく ゆう　和太鼓奏者、鬼太鼓座を経て独立。当時、谷崎清次郎と村崎修二が名づけていた。島根県生まれ、一九五六年〜

それから怪我が癒える二年ぐらいのあいだ、奥さんが同行して猿を遣うという旅が続いた。しかし大きな仕事は猿舞座のメンバーの筑豊大介さんなどにまわしていたようだ。このころ修二さんが熱中していたのは太鼓だった。一九九三年に韓国・大田《テヂョン》万博の「世界太鼓フェスティバル」に和太鼓チームを作って日本代表として参加したのがきっかけとなって、和太鼓奏者の今福優*が光猿館に居候しており、さらに彼を慕って広島の大学生らが集まってきて、当時、光猿館は太鼓を中心とした民俗芸能の研修所と化していた。修二さんに言わせると、「宮本常一の希望のひとつに、若者宿を作ってほしいというのがあった。光猿館は若者宿じゃ」ということになる。修二さんは、いままでだれも研究していないからといって、太鼓のバチに入れ込んで、日本中のあらゆる木でバチを作って、締め太鼓、桶太鼓、大太鼓と叩きまくっていた。そして一九九六年には彼らを率いて、太鼓を中心に民俗舞踊、民俗芸能を構成した舞台を作って、山形県や東京で公演し、中国地方は何カ所も巡演してまわった。修二さんが猿まわし旅を再開するのは、その年の暮、「年忘れ太鼓ワールド」公演を山口県柳井市で成功させて、一区切りをつけてからのことになる。

一九九七年からはじまった修二さんとトム（二代目安登夢）の猿まわしは、基本的なスタイルは初代安登夢のときと同じだが、いくつか変わったこともある。まず、修二さんの右手の指は、怪我は治ったものの、以前のようには使えなくなっていた。見た目には変わりないが、箸をもつこともままならない。そこで、それまでは右手で握っていた猿の手綱を、左手に持ち代えた。必然的に太鼓を叩くのも反対の手になった。つまり右利きから左利きへの転換で、二年のあいだにこれは問題なくできるようになっていた。

しかし、最後の大技である放下芸はできなくなった。これをやるのとやらないのとではだいぶ印象が違う。大技がないと投げ銭は取りにくいが、しかたない。本人もなんとなく消化不良というような感じだったが、まもなく慣れた。また抱っこさせることもやめた。抱っこさせることが初代安登夢の大きなストレスになっていたのではないかという反省だと思う。

また、仕事のしかたも変わった。それまでは依頼されたイベントを中心にスケジュールを組んでいたが、バブル経済の崩壊と地震の影響でイベント自体が少なくなったということもあり、以前からときどき「津々浦々めぐり」とか「里めぐり」と呼んで、実験的におこなっていた地域を巡演するという仕事の方法を本格化させた。これはある地域にターゲットをしぼり、宿舎を定めて、今日はこの村、あしたはあの村と、集落単位に巡演していくというもので、イベント会場を転々と渡り歩く巡演方法ではなく、ある地域に腰を据えて、その周辺の人たちにまんべんなく見てもらおうという方法だ。修二さんは「点から点を結ぶ公演方法ではなく、面で公演する方法」と言っていたが、伊勢大神楽の旅を参考にした、おそらく江戸時代もしくはそれ以前からつづく大道芸の旅まわりの再現である。

◎――佐渡の里めぐり

その年の夏、ひと月かけて佐渡島をまわった。このときの経験が、これ以後の修二さんの猿まわし旅のスタイルになるので、詳しく記しておきたい。

まず、なぜ佐渡なのか。きっかけは、鼓童*のアースセレブレーションだったように記

*鼓童　68頁の注参照

憶する。世界的に有名になった太鼓グループの鼓童は、設立に宮本常一が深く関わっていて、その縁で修二さんとも親しい。修二さんには数年間研究していた太鼓のバチについての成果を鼓童に伝えたいとの思いがあり、そのために佐渡にいくチャンスを狙っていた。そこで浮かび上がったのがアースセレブレーションである。この催しは、いつもは世界に飛び出していく鼓童が年に一度、真夏の佐渡に、国内外のアーティストを招いて開催する催しで、修二さんは一九九〇年にも一度招かれて（私も同行させてもらった）、メインの催しではなく、その周縁で公演してまつりを盛り上げる、いわゆる「フリンジ」で公演していたが、久しぶりに参加させてほしいと打診をしたところ了解された。そこでせっかく佐渡まで行くのなら、長期滞在して本格的に「里めぐり」に取り組んでみようということになった。

そもそも佐渡島は、宮本常一が生前足繁く通い、当地の人たちに深い影響を与えた島である。宮本が離島振興に尽力したのは有名だが、なかでも佐渡は、名産となったおけさ柿は宮本の指導によるものであり、島内各地にある民俗資料館や街並み保存なども宮本の提唱だった。その宮本人脈が生きていて、その人たちにお願いすれば島内各地での公演が可能と思われた。じっさい、一九八四年八月には、発足してまだ間もないころの猿舞座が、宮本人脈を活かして「佐渡芸能大学」という催しを仕掛けて、これを成功させている。その結果、宮本人脈の上に猿舞座の実績も重なって、さらに人的ネットワークも広がっていた。そうした意味で佐渡は修二さんと猿舞座にとっては特別な島だった。

里めぐりの公演のしかたは、まず最初に、現地の人に主催者になってもらう。これはほとんど修二さんの信頼できる知り合いで、なかにはその知り合いが要請してくれた人もいた。地域が決まり、日程とその開演時間を調整すると、地域内への周知、宣伝はその人にお任せした。もちろん見物料は投げ銭である。お金でなくても、おサルの食料となるサツマイモやニンジン、白菜などの野菜やバナナなどの果物も大歓迎だと伝えた。当日は約二時間前にはその集落に到着し、会場を設定し、必要なら客席用に敷物を敷いたり簡易イスを用意したりして、町触れに出かける。修二さんが太鼓、私が篠笛を吹いてその集落じゅうを触れてまわる。略式のチンドン屋だ。

「東西とうざーい。本日、何時より、○○におきまして、猿まわし大道芸、演芸大会を開催いたしまーす。投げ銭公演でございますので、投げ銭などご用意のうえ、○○にお集まりください」

こうして集落じゅうを触れ歩くことで、その土地の人たちの反応を見る。猿まわしが来るのを皆が知っていて楽しみにしていてくれるところは、窓をあけて笑いかけてくれたり、家から飛び出してきて我われに話しかけてくれる。一方、あまり宣伝が行き届いていないと、なんだかいかがわしそうに、戸や窓のすきまから見られたりもする。

開演時間の少し前に会場に戻り、準備を始め、数分前にはまた笛・太鼓でお囃子を始める。あとは、いつものとおりの猿まわしプログラムとなる。

このときは八月七日に佐渡に入り、翌八日から仕事を開始した。初日は、両津市夷通り商店街の七夕川開きまつりという催しのなかに「猿まわしコーナー」を設定してもらった。しかしあいにくの雨で、急遽、会場をアーケード下に移動。そのため町触れもできず、初日ということで宣伝もいきとどいておらず、二回公演したものの、初回三〇人、二回目二〇人というさびしい結果だった。その翌日は小さい集落に出かけた。畑野町猿八。ここは文字どおり、猿の出没するような山の中で、地図にある道は前日の雨でぬかるんでいて、しかも狭くて自動車では登ることができなかった。それでも個人宅の庭を、無理にお願いして通らせてもらい、やっとこさ集落に入った。戸数一八戸だという。主催者の軽トラックの荷台に乗って笛・太鼓で囃しながら集落内をまわり、すべての家に声をかけた。

「いやー、祭りかと思ったよ」と、どの家もたいへん反応がよく、昼間にもかかわらずお客さんは一五人。畑仕事の途中、昼休みに家に帰ったついでに、会場となった廃校の校庭までわざわざ出かけてくれた。この小さな集落とすればたくさん集まってくれたと思う。

「よくこの村まで来てくれた。ありがとう」と喜んでくれることが、何にも代えがたいほどうれしかった。その夕方、ここから下った畑野町小倉。こちらはかなり広い集落だった。前もって回覧板をまわしたといい、その回覧板の範囲はすべて触れ歩いてほしいとの要望で、約一時間かけて触れ歩いた。手描きのポスターも何枚か貼ってあって、宣伝も行き渡っていた。山道を触れ歩いてだいぶくたびれたが、その甲斐あって七〇人ほどが集まってくれた。子どもも四〇人ぐらいいて、いかにも大道芸らしい集まりになった。やはり猿まわしという芸能には、子どもが集まってくれなければ……という思いを強くした。

と、こんな調子で、連日公演してまわる。ちょうど島のあちこちで祭りも多く、その行事のなかに挟んでもらったりした。またお盆には都会から孫を連れて息子や娘の夫婦が帰ってきていて、どの村もふだんの何倍にも人口が膨らんでいて、思いもよらないほどたくさんの人たちが集まってくれた。

「この村でこんなに人が集まったのは何十年ぶりだ。ありがとう、ありがとう」と心から感謝されたりもした。福祉施設に呼んでもらったこともあるし、あるいは触れ歩いていると、向こうから走ってきた自動車が、突然、目の前で止まって、

「何してるんですか」と声をかけられたこともある。

「じつは、猿まわしで……」と説明すると、

「国民宿舎やってるんだけど、うちでもやってもらえる?」と依頼を受けたり。

そんなことしているうちに、アースセレブレーションが始まり、小木港とその周辺は人であふれかえった。この期間中は、私は太鼓のバチのタンカ売り*をやったり、修二さんは港の木陰を選んで小さな投げ銭公演を繰り返したり……。そして最終日には鼓童が特別フリンジと銘打って神社の境内での大道芸ステージを用意してくれたので、そこで数百人を相手に大公演をおこなった。また、修二さんや私の知り合いもたくさんやってきたので、ほんとうにチンドン屋スタイルで小木町内をまわったりして、我われも祭りを楽しんだ。アースセレブレーションのあとには、羽茂町の草刈神社・能舞台を借りて、地元の芸能(ちょぼくり*、ちあさ*、つぶろさし*など)と合同の舞台を作ったりした。鼓童のメンバーが飛び入りで参加してくれたりして予想以上の盛り上がりで、ひと月の公演を終えた。

この期間の総括をみると、期間は八月八日から三〇日までの二三日間。投げ銭公演の回数は一七回。観客総数は約二〇〇〇人。投げ銭は約三〇万円(祭りやイベントをからめてある場合の出演料もこれに含む)。ほかにアースセレブレーションの特別フリンジ。この

***タンカ(啖呵)売り**　口上を述べながら品物を売ること

***ちょぼくり**　江戸時代の雑芸能。早口でリズミカルに滑稽な文句を語る。羽茂大崎地区に伝承

***ちあさ**　羽茂の町に伝わる民謡。青年団の若者たちが歌って踊る

***つぶろさし**　佐渡を代表する奇祭。男根を模した作り物を用いる神楽

観客は約五〇〇人、投げ銭は約四万円。修二さんや私の知り合い、それに鼓童のメンバーが参加してくれた特別公演（草刈神社の能舞台、赤泊公民館前広場、金井町大慶寺、稲鯨漁港広場）は計四公演。総観客数は約一七〇〇人。投げ銭（謝礼含む）は約三八万円。以上の総収入が約七二万円。そのうち経費が約三二万円。草刈神社能舞台公演は羽茂町の人たちとの共催で、その費用を勘案すると、純益は約三〇万円となった。大人二人とおサルさんが必死で、二三日間、朝から晩まで活動してこの金額というのは、イベントをこなす仕事に比べれば、何分の一、もしくはひとケタ違うのかもしれないが、達成感は大きかった。たぶん修二さんも同様な感想を持ったのだと思う。

翌年、私は同行できなかったが、修二さんは再び佐渡めぐりをおこない、二年ごしですべての集落で猿まわしを実演してきたという。その延長で、二〇〇一年には第二回目の「佐渡芸能大学」をおこなうことになる。このときはなんと一〇日間。参加した芸能も、鬼太鼓、つぶろさしや春駒*、ちょぼくりなどの地元芸能はもとより、伊勢大神楽、高石ともや、鼓童、八丈太鼓などの芸能、さらに三隅治雄、西角井正大、米山俊直、岩井宏實、田村善次郎などの研究者も多数参加し、大プロジェクトとなって結実する。

*春駒　はるこま　佐渡に伝わる正月の門付け芸能。馬の頭を模した作り物を持ったり、腰に付けたりして踊る

◎──ネットワークこそ宝物

さて、ひと月の「里めぐり」のあと、反省点もいくつかあった。

最大のものは、宿泊である。このときは民宿に泊まっていた。夜は遅くなることもあり、時間も不確定なので、朝食だけ付けてもらったが、一泊六〇〇〇円だった。二人で一万二〇〇〇円。収入は投げ銭だけというこの旅では、一日の収入がこれに満たない日

も多く、また雨では公演もできないので、毎日この金額が出ていくのはつらかった。里めぐりをおこなうためには、宿舎は無料もしくはそれに近い金額というのが絶対条件だと感じた。翌年、佐渡を修二さん一人でまわったときは、空家を無料で借りて宿舎にしていた。その後、この里めぐりをおこなう地域は、結果的に「過疎地域」あるいは「限界集落」と言われる集落となり、倉庫がわりにしている空家はたくさんあって、そこを宿舎に提供してもらうようになったが、猿まわしを呼んでくださる人には、宿泊はビジネスホテルでなければ……との固定観念があって、それを覆すまでにはしばらく時間がかかり、何度か宿無しになったりもした。もっとも、ひと晩やふた晩ならば、自動車で寝るのもオツなものである。高速道路ならばパーキング、一般道なら道の駅、あるいはＪＲの駅や公園の駐車場などに自動車を止めて、そこを仮の宿とした。

佐渡では食事もむずかしかった。食堂がどこにでもあるのは都会だけで、地方に行くと駅前にしか店はなく、その店も夜七時には看板を下ろしているということも少なくない。開いている店をまえもってリサーチしておく必要があった。もっとも二〇〇〇年代に入ると、かなりの田舎にもコンビニエンスストアやホカホカ弁当屋などが街道沿いにオープンし、食事の苦労はほとんどなくなった。最近では毎日メニューを変えたり、サブメニューやスープを楽しむ余裕もできた。

佐渡を皮切りとしてはじまった里めぐりは、その後、全国で実施した。その地域を思いつくままに列挙するとつぎのようになる。

北海道…旭川〜空知、帯広周辺、函館周辺

関東…秩父、所沢〜多摩

中部…身延〜早川村、長野市を含む信州北部、伊那谷北部、伊那谷南部、佐渡、能登
近畿…丹波
中国…隠岐島、江の川流域、山口県長門、山口県周防、周防大島
四国…高知県梼原町
九州…天草半島、水俣周辺、大隅半島、薩摩半島
また、里めぐりとはいえないけれど、個人や集団に何年にもわたって何度も招いてもらって仕事をしているところもある。
東北…山形県長井市、仙台市
関東…栃木県佐野市
中部…静岡県浜松市、磐田市
近畿…東大阪市、大阪市
四国…徳島市
九州…熊本県阿蘇
ここに記したものは、私が関わったり話に聞いたりして知っている地域と個人（あるいは集団）で、おそらく抜け落ちているものもいくつもあると思うが、全国に広がっていることがわかる。
「寒いときには暖かい九州などに行き、暑いときには東北や北海道にいく」と修二さんは人には話している。かならずしもそのようにうまくいくわけでもないが、この人脈こそが何十年にもわたって旅の仕事をつづけてきた蓄積であり、宝物といえるだろう。このネットワークは、猿まわしを始めてから築き上げたものというより、

猿まわし以前の、部落解放運動のネットワークや、労音・フォークソングのネットワーク、あるいは恩師である宮本常一のネットワークをそのまま継承している。初代安登夢の時代は、イベントを軸にして動いていたと記したが、その時代でも、いわゆるイベント業者からの依頼というのは修二さんの場合、けっして多くはなかった。バブルがはじけたのちはイベント業者とのつきあいはほとんどなくなり、それ以前からの人脈が再び深くなった。さきほども書いたが、「里めぐり」は苦労が多いわりに実入りは少ない。でもイベント中心の時代より修二さん自身はこのほうが生き生きとしていたように私は思う。

◎——猿まわしのサラブレッド、長男・耕平くん

再び、修二さんが倒れたと連絡を受けたのは、二〇〇三年一〇月だった。徳島市で木《で》偶《く》人形の復活に取り組むグループ「阿波木偶箱まわしを復活する会」（現・阿波木偶箱まわし保存会）に呼ばれ、公演を翌日に控えて主催者と打ち合わせを兼ねた飲食中、背中に違和感を覚えて横になったが、そのまま意識を失い、病院に運ばれたのだという。病名は大動脈解離。死亡率はなんと九八％だという。大動脈の壁に亀裂が入り、内膜と外膜に分離する病気で、破裂の一歩手前の大動脈瘤もみつかった。修二さんの患部は心臓のすぐ下で、大動脈瘤は三つもあり、助かったのは奇跡だと担当医に言われたそうだ。修二さんの場合、ふだんの仕事は、里めぐりで、たいていは病院から遠く離れた田舎を歩いている。それが、たまたま県庁所在地にやってきて、しかも大病院の間近で倒れたのだから、たいへんな強運である。加えて、普段ならば一人での活動なのに、まわりに

何人も人がいたというのも珍しい。まさに奇跡である。担当医にも「あなたは大変に幸運な人だ」と命の大切さをこんこんと諭されたという。絶対安静で数週間入院したあと、家に戻ったが、仕事などとてもできない。

翌年二〇〇四年は申年で、新年からイベントの申し込みは多かったが、九州の筑豊大介さんなどに代わってもらった。それでも無理をおして、東京国立博物館の新春イベントには上京し、実演した。私はこのとき、久しぶりに会った。薬の影響からか顔はむくんでいるように見えたものの、思いのほか元気そうで、ひとまず安心した。もっとも実際は東京にやってくるだけでも必死だったと、あとで奥さんの桂子さんから聞いた。

その年の春も佐賀県鹿島市の桜まつりで合流したが、しばらく体を動かさなかったからだろう、自動車の運転席に乗るのにも四苦八苦していた。それでも猿まわしをやっていたのは、お医者さんに「あなたは幸運な人だ」と言われたことがあったのだと思う。また、高石ともやさんが長い激励の手紙を送ってくれたり、鼓童のメンバーが寄せ書きをくれたり、多くの励ましがあって、それが療養の支えになったようだ。それまで日にふた箱ぐらい吸っていたタバコをぴたりとやめ、夜ふかしも少なくなった。

猿まわしの旅も体に気をつけながらつづけていた。多くは知人宅に宿泊しながらの里めぐりで、当時は、全国すべての都道府県で猿まわしをやるのが目標だった。そのころは、青森県、秋田県、鹿児島県で実演できていなかったが、鹿児島はまもなく達成、青森県は二〇〇九年に、秋田県も二〇一〇年に公演が実現して全国制覇を達成する。

二〇〇五年、長男の耕平くんが猿舞座に戻ってくる。耕平くんは京都の大学を卒業したあと、東京で演劇活動をしていた。そのあたりは修二さんとも通じる。Uターンしたのは修二さんが倒れたのがきっかけだが、猿まわし復活の年（「周防猿まわしの会」が山口県光市に誕生した年）、すなわち一九七七年に生まれ、子どものころから猿と猿まわし芸人やその周辺の人たちと親しんでおり、猿まわし界のサラブレッドである。しかも演劇活動をしていたので人前でしゃべるのも馴れたもので、しばらく修二さんに同行した後、修二さんと二人で京都・嵐山モンキーパークを訪ね、二頭の子ザルを貰い受けて、猿まわし芸をおこなうため、飼育を開始した。

一頭が仙水で、これが修二さんの相棒となる。仙水の由来は、宮本常一の忌日を「水仙忌」と称するところから。成獣となったら三代目安登夢とするつもりだと言っていた。もう一頭が夏水《なつみ》で、耕平くんの相棒。夏水という名は、もともとは修二さんが自分の娘につけようと温めていたものだった。ところが生まれたのはすべて男の子で、「思い通りにならなかった」というボヤキを耕平くんは小さい頃から聞かされていた。そこで先手を打っておサルに名づけた。「親父のことだから、僕の子が生まれてもその名前をつけろと言うに決まってますからね。おサルに付けちゃえば、もう言わないでしょう」という。

二頭の子ザルを間近に見るのは私にとっても初めてのことだった。二頭ともその一年前の同じ頃に生まれたというが、体の大きさも、見た感じも、俊敏性もかなりの差があった。修二さんに言わせると仙水は顔が長くて団十郎顔。とすれば夏水はふっくらしていて菊五郎顔だろう。性格は仙水がおとなしいが、夏水は活発で陽気な印象だった。

修二さんたちのおサルの仕込み方法、いわゆる本仕込みは、おサルと人間との信頼関係を基礎にして芸を組み立てる。私なりに解釈すれば、おサルの衣食住、すべての世話を親方である人間がしてやることで両者の親和性を高めて、意思疎通して芸を作っていく。そのためには一緒にいる時間、世話をする密度が高いほうがいい。まもなく二人は、旅に出るとき、二頭の子ザルはなにも芸はしないけれど連れて行くようになった。

自動車の荷台には、安登夢の大きな木小屋が載っている。その前の後部座席に二頭の子ザルそれぞれの小さな木小屋を置いた。子ザル用の木小屋は一辺が五〇センチ程度の箱で、安登夢の数分の一しかないが、それでも二つ並べるとかなりのスペースだ。しかも木小屋の上に荷物を重ねるといやがって吠えたり暴れたりするので座席に鎮座させるしかない。気難しくて生意気な動物だ。自動車に猿まわしの芸の道具、おサルの木小屋用の木クズ、二人の荷物などを積むとギューギュー詰めで、私が旅に加わると、助手席を私に譲った耕平くんは席に座ることができず、芸に使用する木の椅子を出して後部座席の前に置いて、そこに座っていた。長距離の移動はかなりきつかったと思う。

旅は二頭の子ザルにとってもかなりのストレスに違いない。小さな木小屋に入れられて、ガタゴト揺られて知らない土地に連れて行かれる。そのストレスをケアするために、一日に一度や二度は、移動だけの日であっても、自動車を止めて、公園や海辺、あるいは川べりなどで子ザルたちを遊ばせてやる。もちろん夏水は耕平くんが、仙水は修二さんが、それぞれの木小屋を掃除し、エサを与え、あたりを連れ歩いたり、木に登らせたりする。周りに人がいると、騒ぎになってしまうので、人のいないところでなければならない。そうした場所探しはなかなか難しかった。二頭は、綱を付けられて自動車から出てくると、まずあたりを走り回る。ちょっとした木があると登って、周囲を観察して、降りてきてからまた大はしゃぎする。そのうち二頭は、どちらからともなく、相手の毛づくろいを始める。仲がいいものだと見ていると、いつのまにか取っ組み合いの喧嘩になっていて、組んずほぐれつ、つかみ合ったまま転がったかと思うと、蹴飛ばしたりして、片方が逃げ回り、それをもう片方が追いかける。そのうちにまた毛づくろいを始めるというようなじゃれあいを延々と繰り返していた。修二さんたちは、プロレスごっこと呼んで、それぞれの子ザルの応援をして楽しんでいたが、猿まわしではないけれど、これをそのまま見せてもおもしろいだろうにと思ったものだ。

◎——耕平・夏水コンビのビュー

その翌年の春だった。修二さんたちは埼玉県所沢市の知人宅に泊めてもらって近隣の市町村の保育園や幼稚園などを巡演していた。私にとっては近所なので手伝いに行った。約束の駅前ロータリーで待っていると修二さんの車がやってきた。いつものように助手席に乗り込んで、後部座席を見ると、耕平くんがいない。

「あれ、耕平くんは?」と聞くと、「夏水が逃げた」と修二さんがいう。

「えっ……」と言ったきり言葉がなかった。というより、何を言っているのか理解できなかった。修二さんによると、その前々日、保育園での仕事を終えたあと、夏水を外に出して遊ばせようと、木小屋から出して綱をつけようとしたところ、手元をするりと抜けた。綱をつけるのは自動車の中なので、普段なら問題ないのだが、不注意で、フロントドアの窓がほんの数センチ開いていた。夏水はその隙間をすり抜けて外に出ると、あっという間に走り去った。周りには何人も人はいたけれど突然のことでただ驚いていていただけ。みんなが「オォー」とか「キャー」とか言っているうちに、家の床下に潜り込んでしまった。大騒ぎしたあとは、向こうへ走っていくのを見たという人もいれば、いやあっちへ行ったみたいだとか、いろいろ言う人たちがいて、あちこち探したが見つからない。その日は、暗くなるまで、たくさんの人たちが一緒になって探しまわったが手がかりはなく、翌日も心配した知人たちと一緒に一日探したが、やはり見つからなかった。警察には届けたとはいうものの、どうなるものでもない。

「このあたりは森もあるし、山も近いし、畑もある。食べ物にも困らん。もう見つからんじゃろう」

猿まわしはだれでも一度や二度は猿を逃がした経験があり、たいがいは戻ってくると聞かされていたので、そう言うと、それは飼いならされた猿で、周囲があまり騒ぎ立てたりしない場合のことで、今回のような仕込み途中の猿で、しかも二日間も帰ってこなかったらむずかしいだろうという。

「耕平は二日間、一睡もしとらん」

しかも周りの人たちが気を遣って、いろいろと慰めてくれることも、本人には負担だろうとも言っていた。

まもなく、何か買い物をしてきた耕平くんを、コンビニの前で乗せたが、目は真っ赤で髪もボサボサ、元気もなく、やつれてみえた。その日一回目に公演予定の保育園に着くと、耕平くんを心配した知人たちが何人もすでに集まってきていた。だれもが耕平くんを気遣っているものの、その話題には触れないので、なんだか異様な雰囲気が漂っていた。それでもいつものように公演の準備を始めると、耕平くんの携帯電話が鳴った。電話に出た耕平くんはなにやら話していたが、「ハイ、ハイッ」と急に大きな声になった。皆が注目すると、「すぐにうかがいます」と言って電話を切った。

　警察からの電話で子ザルが保護されたという知らせだった。さっそく友人の車に、空っぽの夏水の木小屋を積んで警察に向かい、そのあいだに私と修二さんで、いつものように猿まわし公演を済ませた。実演を終えて、安登夢を木小屋に入れたころ、車が戻ってきた。出かけるときは顔面蒼白状態だった耕平くんだったが、夏水を入れた小屋を猿舞座のワゴン車に移したときには、頬にも赤みがさし、なによりも元気になっていた。同行したKさんの話によると、警察署に着いて猿が保管されている部屋に入ると、夏水は耕平くんを見つけて「キュー」と鳴き、耕平くんが駆け寄って夏水を抱きしめた様子は、感動的で涙が出そうだったという。

　夏水が捕獲されたのは逃走した地点から数キロ離れた街道沿いのガソリンスタンドで、朝早く出勤してきた店員さんが、子ザルがいるのを見つけて警察に通報し、捕獲された。逃げたときのすばしこさを聞いていたから、「よく捕まりましたね」と言うと、「すぐ捕まったようだ」とのこと。「何も食べてなくて、くたびれ果てていたんじゃないか」と言っていたらしい。結局、野生では生きられなかったのだろう。車にはねられたりしなくてよかったとも思った。いずれにしても、首輪が付いていたので飼いザルだということもわかり、すぐに連絡が来たということだった。この事件があったことで、耕平くんと夏水の信頼関係はより深まったようだ。

　その年の夏、山口県、周防大島の里めぐりで耕平・夏水コンビはデビューした。ここは宮本常一の故郷で、晩年、島の若者たちを集めて郷土大学という勉強会をおこなっていて、修二さんはそのメンバーの人たちと深く付き合っていた。そのネットワークを頼りにして島の中のあちこちを巡演することで猿まわしの型をつくろうという目論見だった。同時に修二・仙水コンビもデビューして、三回の公演があれば、一度は修二・仙水がつとめるぐらいの割合で新コンビ二組の活動が始まった。これを機に、二代目安登夢は引退した。ちなみに引退後の安登夢は、猿舞座の動物舎で飼育されている。よく「引退した猿は山に返すのですか?」と聞かれるが、おそらく山に入っても経験がないからエサをどうやって取るのか、野生の猿や他の動物とどうつきあうのか、冬の寒さをどう凌ぐのか、などなど生きてゆくすべが何もわからないのではないだろうか。

周防大島は高齢化率がとても高く、同時にその高齢者がとても元気だということで知られていた。神社やお寺の境内、港の広場などを会場に設定して近所を笛と太鼓で触れて歩くと、若い猿まわしが修行をするという噂はすでに知れわたっていて、おばあちゃんたちがぞくぞくと集まってきた。また夏休みの時期なので、普段は都会に住んでいるその孫たちも、だいぶ帰省していて、小さな集落でも何十人もの観客になり、大歓迎してくれた。

耕平くんの猿まわしは、修二さんの「おサルの学校」とはまた別だった。本仕込みという学習法は同じだが、しゃべりのなかで叩き仕込みとの違いを丁寧に説明する。そのあいだ夏水は勝手にあちこち歩き回ったり、寝そべったりしていて、リラックスしていて緊張感がまるでない。それを見ているとお客さんは自然に顔がほころんでいた。芸は、輪くぐりのバリエーションで、一丁の輪を使ってウサギ跳び、二丁の輪を使ってウグイスの谷渡り、鯉の滝登りなどなど。最後に大技をきめると、夏水は耕平くんの膝に乗ってくる。それを強く抱きしめると、お年寄りのなかには涙ぐむ人たちもいて、それが二人の型になった。

ひと月ぐらいかけて島をまわったあと、修二さんと耕平くんは仙水と夏水を連れて全国を回り始めた。私もときどきは同行させてもらったが、移動するのも猿まわしの仕事をするのも二人で十分で、私の手伝うことはほとんどなくなっていた。

◎――「猿まわし復活・考」公演

私にできることはないかと考えているうちに思いついたのが、東京での耕平・夏水コンビのお披露目公演だった。私が代表となっている坂野比呂志大道芸塾（浅草雑芸団）では一九八六年より毎年、七月に浅草木馬亭で自主公演をおこなっている。この公演では、その二年前より「日本の大道芸探訪プロジェクト」と銘打って、チンドン屋さんの歴史をたどったり、紙芝居のルーツを探るとともに新作紙芝居を創造するというテーマ性の強い公演をつづけてきた。奇しくも二〇〇八年は猿まわし復活事業が始まって三〇年になるので、猿舞座に出演してもらって、猿まわしの復活とその継承をテーマに公演できないかと考えた。可能ならば、猿まわし復活に関わった人たちにもゲスト出演してもらえればより意義深いものになるだろう。

そう考えて、二〇〇八年、年明け早々に修二さんに連絡して、猿舞座としての意向を伺うと、そのように年間のスケジュールを組もうという返事をもらった。ゲストを頼みたいので候補をあげてほしいと言うと、即座に小沢昭一さんと河合雅雄さんの名前があがった。小沢さんは、一九七一年にレコード『ドキュメント　日本の放浪芸』の取材で山口県光市を訪ねてきた。これによって猿まわしに光が当たり、復活につながる。この人ははずせない。河合さんは、霊長類研究の第一人者で、猿の学習研究の理論的ブレーンとなってくださった恩人である。小沢昭一さんは私が連絡をとり、幸いにも出演を引き受けていただいた。河合さんは、修二さんが連絡したが健康が思わしくなく、諦めざるを得なかった。次に候補に挙がったのがフォークシンガーの高石ともやさんである。高石さんは、修二さんがまだ猿まわしに関わる以前、部落解放運動に身を投じたころからの付き合いで、猿まわしを始めた後は、高石さんの歌と修二さんの猿まわしと合同で「おもしろ人間学コンサート」という公演をおこなってきた。修二さんに打診してもらい出演が決まった。

こうして実現した公演のタイトルは、「日本の大道芸探訪プロジェクト第3弾　猿まわし復活・考～猿まわし復活事業30年を記念して」。会場は浅草木馬亭。二〇〇八年七月四日は、「猿まわし復活秘話」と題し、ゲストは小沢昭一。七月五日は、「サルとヒトのメッセージソング」と題し、ゲストは高石ともや。またその翌日、六日の夕方、新宿の西向天神社の境内で、里めぐりスタイルの野外公演をおこなうことにした。これは木馬亭の客席は一五〇席で、おそらく予約を受けきれないと考えたことと、普段の大道芸スタイルも見てほしいという思いから、以前に見世物関係の催しでお世話になったことのある西向天神社にお願いして実現した。

案の定、木馬亭公演のチケットは二日間ともたちまち売り切れになった。プログラムは両日とも、最初は浅草雑芸団の飴屋踊りやのぞきからくりなどの演芸で客席を和ませたのち、いよいよ本番という進行である。四日は小沢さんの講演。初めて光市を訪ねた際、村崎義正さんに会って、猿まわしを取材したいというと、それまでにこやかだった義正さんの顔が急に険しくなり、睨みつけるように「あんた、本気か」と迫られたこと。その迫力におののきながらも、負けじと「本気です」と答えると、「よし、世話してやろう」と言われたこと。そのおかげでレコードができ、やがて猿まわしの復活となった。やがて、今度は義正さんが小沢さんを訪ねてきて「猿まわしを商売にしようと思う」と言う。それに対して小沢さんが言った言葉が、「あんた、本気か」。というような内容で、文章で書くとつまらないが、客席は爆笑の連続だった。この日は飛び入りで、高石ともやさんも一曲歌ってくれて、小さい演芸場が揺れるほどの盛り上がりだった。最後は耕平・夏水コンビの猿まわしで、前年の夏からほぼ一年かけて組み立てた形を元気いっぱいに見せてくれた。自身の講演を終えた小沢さんも、楽屋から舞台袖にまわり、それこそ食い入るように耕平くんの舞台を見てくださった。猿まわし復活の火付け役であった小沢さんに、復活後、二代目の猿まわしを見てもらえたのは嬉しかった。

猿まわしが終わり、耕平くんが「もしよろしければ、投げ銭を」と訴えると、客席からは、それこそ嵐のように投げ銭が乱れ飛んだ。と、まもなく、それまで舞台袖にいた小沢さんが客席に現れ、「エー、投げ銭はこちら、投げ銭はこちら」と投げ銭集めに客席をまわり始めた。手には楽屋のゴミ箱を抱えている。これには客席ばかりか出演者一同も驚いた。皆で腹を抱えて笑い転げた。終演後、小沢さんが修二さんに、「また一緒にいろいろやりたいね」とおっしゃっていたのが印象的だった。

翌日の高石ともやさんは、一九九〇年代にしばしばおこなっていた「おもしろ人間学コンサート」を再現した。修二さんも仙水を連れて登場して、サル学の成果を披露しつつ、すなわちヒトは、霊長類と呼ばれる特別なサルで、その仲間はチンパンジー、ゴリ

木馬亭公演前の楽屋。左より太田治美、津島滋人（当時、小沢昭一のマネージャー）、上島敏昭、村崎耕平、太田恭治、高石ともや、小沢昭一、村崎修二（上・下とも提供・村崎修二）

木馬亭公演前の楽屋で。小沢昭一

ラ、オランウータン、テナガザル、ボノボの五つ。これらは一般のサルとは区別されているること。また、ヒトと他のサルとの形態上の違いは、ヒトは体毛が少ないこと、ヒトは額が広く知能が高いこと、言葉でコミュニケートすること、前足（手）の親指が発達し器用なこと、後ろ足（足）の踵が発達し直立歩行すること、いわゆるボス猿は餌付けされたサル社会には存在するが自然のサル社会には存在しないこと、などを説明し、歌うことが人間にとってどういうことなのかを考える内容で、なるほどこの公演があって修二さんは安登夢とのプログラムを作ったのかと納得した。この日も、最後は耕平・夏水コンビが登場して舞台を締めくくった。

翌日の新宿・西向天神社での里めぐり公演は、近所の商店街や住宅街の触れ歩きなどもおこない、神社でも氏子さんたちにお知らせしてくれたおかげで、約三〇〇人のお客さんが集まってくれて、まるでお祭りのような催しになった。木馬亭に来られなかった人も来てくれたし、反対に木馬亭にも来たけれど里めぐりの雰囲気も知りたいと駆けつけてくれた人たちもいて、とてもいい雰囲気の催しになった。

この公演のあと、猿まわし復活の時期（一九七八年当時）、日本モンキーセンターの所長だった森林生態学者の四手井綱英さんを京都・山科の自宅に訪ねた。当時九七歳で、車椅子の生活だったが、奥様から修二さんにお会いしたいと連絡があり、旅の途中にお寄りした。いつもは寝ていることが多いと奥様はおっしゃっていたが、この日は体調がとてもよく、耕平くんが夏水と遊ぶところを興味深く見てくださった。また、河合雅雄さんも、丹波篠山にうかがったおりに公演を見に来てくださった。木馬亭公演前の四月には、宮本常一が教鞭をとっていた武蔵野美術大学に、宮本の教え子であった相沢韶男教授と文化人類学の関野吉晴教授に招かれての公演もおこなっており、この年は、修二さんから耕平くんへの実質的な引き継ぎの年だったのだと私は思う。それは同時に、私が修二さんの旅に同行する機会が少なくなり、猿舞座と距離ができるようになったことでもあった。

◎――新しい猿舞座へ

最後に二〇〇九年以降の猿舞座の活動を駆け足でたどっておきたい。

二〇〇九年三月、耕平くんが膵炎で緊急入院した。幸い、まだ若く体力もあるので、わずかな入院で済み、まもなく普通の生活にもどったが、油の強い食事とアルコールを控えるようにという指導が下った。旅でほとんど連日連夜飲酒していたのが悪かったのだと思う。そんな状態で春の巡業は四月の花見公演を中止したが、それ以降は里めぐりの全国展開スケジュールをおこない、翌年以降はこのルートがほぼ定着した。四月後半が長門地域、五月の連休が熊本県西原村、五月後半から六月が能登及び金沢周辺、六月後半は山形、仙台などの東北。七月に北海道。八月は基本的には巡業は休み。九月、山梨。一〇月から一二月にかけて静岡から信州。それに人権啓発の講演がある。年明けから二月は熊本から鹿児島にまわるというもの。もちろん、そのときどきに公演の依頼は入るので、そのつど調整はするが、ほぼこのようなスケジュールで動くようになった。

また二〇〇九年のエポックは一〇月二五日に岩国市玖珂のホールで公演した「再流」で、これは一九九二年から五年間、毎年一二月に柳井で公演していた、「太鼓ワールド」に集ったメンバーが久しぶりに再会して公演した。韓国の民俗音楽と民俗舞踊、日本の民俗音楽と太鼓などのコンサートで、若くして亡くなった当時の仲間の十回忌の追悼公演でもあった。

翌二〇一〇年もほぼ予定通りに里めぐり中心のスケジュールが組まれた。特筆すべきは仙水の事故死である。私は修二さんからの電話で知った。八月二日に北海道公演を終えて苫小牧からフェリーに乗った。それまでは元気だったが翌朝、青森県八戸で船を降りて車を走らせている途中、いつまでも寝ているのでどうしたのかと見ると、すでに死んでいた。原因は不明だが、修二さんはハチが自動車に入っていたので刺されたのではないかと推察している。旅の途中の不慮の出来事である。岩手県花巻市にいつもお世話になる光林寺さんというお寺があるので、そこに立ち寄って埋葬し、お経をあげてもらったという。猿という動物は、人間の何倍も体力もあり、元気でもあるのに、ほんのちょっとしたことで命を落とす。初代安登夢の事故の時と同様、なんとも不思議な思いがした。結局、仙水は安登夢の三代目を継ぐことはなく、また修二さんも、こののち新しい猿の仕込みをしようとはしなかった。

翌二〇一一年。三月一一日は翌日からの広島県福山市の子供会、大阪府四條畷市で太鼓集団魁さんの舞台出演のため、私も久しぶりに猿舞座に泊めてもらった。そこに向かう新幹線の中で東日本大震災が起こった。数十分程度の遅れで新岩国駅に到着後、テレビを見てその地震のあまりの凄まじさに啞然とした。公演自体は二日間ともおこなった。まだ地震の被害のほんとうの凄まじさが報道されていなかったからで、それ以降はとても芸能を楽しむというような状態でなくなった。大阪から三月一五日に東京に帰ったが、真っ暗な東京、私鉄が動いていない東京というのを初めて体験した。その年、佐賀県鹿島市の桜まつりには出かけたが、やはり仕事にはならなかった。

この年、猿舞座は被災地公演などにも行っているが、私が関わったものでは、七月の宵々山コンサートが印象深い。円山音楽堂で開催される、京都の夏の風物詩ともいえる名物コンサートで、高石ともやさんと永六輔さんがホスト役で、毎年多くのゲストを招いて評判を呼んでいた。永さんの健康の問題もあり、二〇〇九年に「中締め」と称して一時休止したが、この年、第三〇回をもって終了することになった。猿舞座として、この公演に出演したことはないが、毎回、開演時のお客さんの呼び込みと終演後の送り出しにお囃子をおこなってきた。この年は最終回ということで、円山音楽堂のコンサートだけでなく、永さんは京都に滞在してゆかりのお店などでお気に入りの人たちと番外公演として小さなライブを重ねていた。猿舞座もその番外公演に招かれた。七月八日に松尾大社でおこなった日本の語り物をフューチャーした公演の折りで、そのオープニングに猿まわしを見せた。真夏の夕方、京都の、じっとりとした蒸し暑さが身に染みた。翌日が円山音楽堂の本番で、コンサートの最後に永さんが名前を呼んで関係者一同が舞台に出る場面があり、猿舞座のメンバーも一人一人名前を呼ばれて舞台に出た。客席ではお客さんが、全員、火のついたロウソクを手に持っていて、その炎が揺らめいていて、地震のこともあり、一つの時代の終わりを痛切に感じた。

二〇一二年のエポックは、三月二六日の国立小劇場「橘芳慧の会」が記憶に残る。タイトルは「愛猿記」。作・演出＝織田紘二、作曲・演奏＝本條秀太郎、振り付け・出演＝橘芳慧、語り＝平野啓子。解説を兼ねた「鼎談」として織田紘二・小沢昭一・村崎修二。この作品は、その前年の一〇月、山梨県下部温泉で耕平くんが猿まわしをするところを、織田さん、橘さん、本條さんが訪ねて、見学し、構想を練った作品で、前年二月にくも膜下出血で倒れた橘さんの舞台復帰第一作とのことだった。なによりも解説を兼ねた鼎談は記録に残るものだった。その年の一二月一〇日、小沢昭一さんが亡くなって、文字どおり、この鼎談が、小沢さんが最後に残した猿まわしについてのメッセージとなった。

二〇一三年のエポックは、四月一二日から一四日にかけて、兵庫県篠山市で小沢昭一さんを偲んでおこなわれた「小沢昭一さん追悼　道行きの芸能―里めぐりの旅」という催しである。日本の大道芸のなかでも、ことに小沢さんとの関わりが深い、猿舞座の村崎修二、村崎耕平、筑豊大介、伊勢万歳の村田清光、中川晃、早川明夫、阿波木偶箱まわし保存会の辻本一英、中内正子、南公代、浅草雑芸団の上島敏昭、上島由紀が出演し、特別ゲストとして高石ともやが加わった。コーディネートは「あとりえ西濱」の太田恭治である。四季の森生涯学習センターのホールで公演をおこなったほか、王地山公園や河原町の町並み、城跡公園で大道芸と街頭コンサートを披露し、木偶まわしは地域に招かれて門付けもおこなった。

二〇一四年、修二さんは動脈瘤を手術して本格的に治療することになり、二月から三月にかけてはまったく活動できなかった。したがって全国の巡演も短縮しておこない、また八月から、耕平くんは二頭の子ザル、椿と環の仕込みに入り秋の巡演も短縮した。気がついてみれば夏水もそろそろ一〇歳になる。可愛いというよりは大ザルといったほうがよい。子ザルもいま仕込まないと時期を逸してしまうと判断したのだろう。

現在までのところ、耕平くんは修二さんの築いてきたネットワークを拠り所に巡演を続けている。伊勢大神楽が回壇するように、毎年おなじ時期におなじ地域を訪れて、近隣の保育園、幼稚園、あるいは老人ホームやデイケアセンター、もちろん地域や商店街、ショッピングモールの祭りやイベントなどなどで、猿まわしを披露するというものである。それに加えて自治体の人権啓発の催しに呼ばれたりもする。

一九七八年に復活した猿まわしという芸能は、修二さんをはじめとしてたくさんの人たちの努力と創意工夫で、たくさんの分派や新規参入団体や個人などを生んで、それこそ今や百花繚乱の状態にある。東京にいても、猿舞座以外の猿まわしを見ることも少なくない。二〇〇〇年ぐらいまでは、猿まわしといえばいったん滅びたものの復活させた、と知っている人も多かった。しかし今ではその事実を知る人は多くない。以前修二さんは、よく、永六輔さんが「猿まわしが東京の街に現れたら、それは芸能というより事件です」と言ったと述べていた。しかしいまではショッピングモールで猿まわしを見ることはけっして珍しいことではない。良いとか悪いとかではなく、猿まわしという芸能はそういう状況にある。

当然ながら修二さんが敷いてくれた里めぐりのレールも、万全なものなどではない。そのレールを進みながら、耕平くん自身が新たな道を拓かなければならないだろう。

修二さんは、近年、体調をくずすことが多くなった。正直、旅に出るのは辛そうに見える。そろそろ旅に出るのは耕平くんにまかせて、山ほど溜まっている自身の旅の記録、猿まわし復活の記録をまとめるべきではないだろうか。本書もその一助となってくれればうれしい。

ギャラリーも参加して（演者・安登夢〈2代目〉と村崎修二／撮影・中村脩／提供・鼓童）

村崎修二の猿まわし復活への道程

太田恭治

太田恭治　おおた　きょうじ　一九四八年、兵庫県生まれ。一九七四年、差別とたたかう文化会議事務局員になると同時に部落解放同盟中央本部文化対策部に入る。一九九四年、大阪人権歴史資料館（翌年、大阪人権博物館に改称）学芸員に。二〇〇九年、あとりえ西濱の主宰、手縫い靴をはじめとする部落に伝わる技術や芸能などを支援。

◎――村﨑修二さんとの出会い

私と修二さんを引き合わせてくれたのは、俳優の小沢昭一*さんだった。

小沢さんと修二さんは、一九七〇年、小沢さんが猿まわしの調査のために山口県光市を訪れたときに出会った。これが修二さんを猿まわし復活の道に向かわせる運命的な出会いだった。小沢さんの依頼で山口県熊毛郡一帯の被差別部落にかつて存在した猿まわしの調査が始まり、その後小沢さんの紹介で宮本常一さんに出会い、猿まわし復活を促されて、ついに一九七七年、光市に「周防猿まわしの会*」が結成された。その六年後、猿まわしの会を脱退した仲間とともに「猿舞座*」を結成する。

私はといえば一九七四年、故野間宏*さんたちの提唱で、部落解放運動にやっと被差別部落の文化を見直す機運が高まり、差別とたたかう文化会議が結成され、その事務局員として、また部落解放同盟の文化対策も兼ね仕事をすることになった。以来、被差別部落に伝わる芸能を掘り起こす仕事にかかわることになる。

日本の「道行きの芸能」は、七〇年代に入るとほとんどが途絶えてしまい、被差別部

＊小沢昭一　11頁の注参照

＊周防猿まわしの会　33頁の注参照

＊猿舞座　27頁の注参照

＊野間宏　のまひろし　作家・差別とたたかう文化会議議長。兵庫県生まれ、一九一五～九一年

落に継承された門付け芸や大道芸なども同じ運命をたどっていた。七四年以降、私の仕事はこうして途絶えてしまったかもしれない芸能を調査し、守り、伝承することだった。春駒、デコ人形芝居（人形浄瑠璃）、箱廻し（門付けデコ人形）など、まだ経験者が存命だったがもちろんほとんどが現役ではなかった。六〇年代日本の高度経済成長とともに、世間はこうした門付け芸、大道芸を受け入れなくなっていた。また「乞食芸」と差別されたことから、芸から身を引いた話を多く聞いた。彼ら彼女らには部落外だけでなく部落内からも同様の目線が注がれもし、それは厳しいものだった。それだけに当事者の口は固かった。できればその芸を伝承保存しようと安易に考えていた私は、ずいぶん傲慢だった。

そんなとき、先輩猿まわしの聞き取りを始めた修二さんは、詩人丸岡忠雄*さんと共同で、小沢さんが主催していた『季刊　藝能東西』創刊号（一九七五年）に「周防じょうげゆき考　大道芸「猿廻し」を主軸に」の連載を始めた。私は猿まわしを復活させ、当時芸能界に打って出た「周防猿まわしの会」の動きに、まず脱帽し、その意気込みにジェラシーさえ感じていた。

一にも二にも会いたい、村﨑さんたちに教えを請いたいところだった。しかし当時、部落解放同盟では日本共産党を支持する人たちが部落解放同盟正常化全国連絡協議会（略称・正常化連）という別の組織を作り、修二さんが生まれた光市の部落は、正常化連に所属していた。私は部落解放同盟に属し、お互いの立場の違いから出会う機会がもてなかった。一九八二年、部落解放同盟主催の文化祭「たたかいの祭り」開催にあたって、思い切って周防猿まわしの会の猿まわしを呼ぼうと考えた。すでに村﨑太郎*さんが

＊丸岡忠雄　13頁の注参照

＊村﨑太郎　111頁の注参照

芸能界で活動していた。相方の次郎は「反省猿」として評判だった。

山口県光市の周防猿まわしの会の電話番号を探し、思い切って電話した。電話口に出たのはどなたかいまは記憶にない。代表の村崎義正*さん（修二さんの兄）に相談すると、数日後、幸い承諾の返事をいただき、そして村崎太郎さんを呼ぶことになった。ところが解放同盟山口県連の役員から周防猿まわしの会を呼ぶことに異論がでた。解放同盟中央本部書記長だった小森龍邦さんは、「問題ない。文化に解放同盟も正常化連もない。組織内の反対は私が説得する」と言ってくださった。そして村崎太郎さんを呼ぶことができた。

このとき、修二さんには出会っていない。あとで知るのだが、この時期すでに修二さんと筑豊大介*さんたちは周防猿まわしの会を脱退されていた。太郎さんを迎えた文化祭は、尼崎市内のピッコロシアターで二日間にわたって開催した。そのとき小沢昭一さんが前触れなく文化祭会場においでになった。私は、小沢さん主宰の劇団・芸能座に知人がいたことから連絡先は紹介してもらっていて、小沢さんあてに一通の手紙を書いていた。部落解放同盟の文化祭開催のお知らせと「お時間があればおいでください」と書いていた。文化祭は、「伝承と創造」と副題を付け、七五年に文化対策が始まってから私たちが探し求めた部落の芸能の大結集だった。でも、まさか小沢さんに来てもらえるとは夢にも思わず手紙を書いた。このことは、ほかの人には話していなかった。

その日、舞台袖で進行役を務めていた私に、受付担当が走ってきて、小沢昭一さんが来られていると告げた。客席内を見ると高くなった最後尾に小沢さんは立っている。あわてて飛んでいき、厚かましくもこの演目のあと、登壇をお願いした。というのも目の

＊村崎義正　12頁の注参照

＊筑豊大介　41頁の注参照

＊寺本知　てらもと　さとる　部落解放運動家、部落解放同盟文化対策部長。大阪府生まれ、一九三一～九六年

＊土方鐵　ひじかた　てつ　部落解放運動家、『解放新聞』編集長。京都府生まれ、一九二七～二〇〇五年

前に門付け芸、春駒三組が演じていた。いずれも小沢さんは、まだ見たことのないものだった。

小沢さんは「春駒は初めてです。私が会えなかった春駒、それを三組も見せていただいて、感激しております。胸をつまらせて見せていただいた」と感想を述べられた。休憩に入り、寺本知＊さん、土方鐵＊さんと会っていただき談笑する機会も得た。以来交流が始まり、土方さんは『季刊　藝能東西』に連載を、寺本さんは私信を交わす間柄に発展していった。そのおかげで、一九八五年、寺本さんが深くかかわる大阪人権歴史資料館（現・大阪人権博物館、大阪市浪速区）設立の発起人に小沢さんになっていただいた。また一九九五年一二月にリニューアルした館のホールのこけら落しに一人芝居「唐来参和」を演じてもいただいた。

さて、こうして思いがけなく文化祭で出会うことができ、そのとき私に忘れられないひと言を小沢さんは残してくださった。「文化は保存しないでください。無くなるには無くなる理由があります。保存すると文化は止まってしまいます」。この言葉は、そのとき以来私の胆に銘じる言葉になっている。部落の伝統芸能を掘り起こし、残すことしか視野になかった私に、「保存するな。文化が死ぬ」とおっしゃった意味は、まさに修二さんたちが猿まわしを復活し、いまに蘇らせた実践そのものだった。小沢さんは修二さんたちに猿まわし復活と創造を託されたのだった。

私はその後、中西和久さんの仲介で修二さんと会うことになる。一九八五年のことだった。尼崎で公演後、修二さんは「いやー、あなたに会えと小沢さんから言われちょったんよ」と開口一番言われ、「私もです」と返したのを憶えている。小沢さんは

「村﨑修二というのがいる。ぜひ会ってください。話が合うはずですから」とおっしゃってくださった。また修二さんも小沢さんに「解放同盟に太田というのがいる。解同のなかでも文化のわかる人だから会ってくれ」と言われていたと聞いた。こうして私たちは以後機会あるごとに会い、また情報を交換するようになった。

◎――猿まわし復活への挑戦の旅

修二さんは、一九六八年、東京での演劇を中断し、光市に帰って部落解放同盟山口県連の専従をし始めていた。七〇年小沢さんとの出会いから、専従をしながら猿まわし復活のための調査に舵を切った。ところが先輩活動家だった山本利平*さんに、「修ちゃん、あんたはそっち（猿まわし復活）に専念しなさい」と言われたことをいまもありがたく、また大事に思っている。修二さんのなかに解放運動組織の分裂はほとんど意味をなさない。「山口県四〇人の同盟員を二年で四〇〇〇人にしたよ」と解放運動の専従時代を振り返る。「最近の運動は生ぬるい」と発破もかける。修二さんは、組織に属していたが、「文化運動は、もともとアナーキーじゃから」と言ってのける。組織に縛られている気がない。仲間は仲間、嫌いな者は嫌い。これが修二さんの流儀だ。

こうして交流が始まり出会うたびに猿まわし復活の裏話を聞くこととなった。それは驚きの連続だった。修二さんは、七〇年から機会あるごとに小沢さんに猿まわしのことを報告してきた。民俗学者、宮本常一*さんには、「猿まわしの調査だけでなく、復活しなさい」と口説かれた。そして小沢さんと宮本さんの指示で多くの学者、作家、芸能者と出会うことになる。

＊山本利平　172頁の注参照

＊宮本常一　24頁の注参照

動物学者の今西錦司、河合雅雄ほか、いわゆる京都大学霊長類研究所グループ、司馬遼太郎、網野善彦、永六輔、西村晃、木下順二、市村正規、中村錦之助（萬屋錦之介）、森繁久弥、中村扇雀（現・四代目坂田藤十郎）、高石ともや、岡林信康、金徳洙、中上健次などなど、あげだしたらきりがない。このような人の名前が呑み席の会話のなかにつぎつぎと出くる。猿まわしを復活したからこそ広がった交流であり、出会いだ。それぞれに意味のある出会いであり、交わされた会話の深さに感心させられるばかりだった。一例をあげると森繁さんは「どんな偉い俳優でも子役にはかなわない。どんな子役でも猿にはかなわない」と脱帽されたという。

司馬遼太郎さんには、「あなたのやっていることは、日本の近代化に喧嘩を売っているようなものだ。文化革命なんです」「あなたは宮本先生から六〇歳まで本を書くなと言われていたのに、それを破ったでしょう。先生が亡くなったからって約束は約束、物書きよりいまの芸に専念しなさい」と言われたそうだ。

こんな話がポンポンと出てくるのが我われの呑み席だが、これを酒の上の話で終わらせるのはもったいないと思いだした。雑誌『部落解放』に「猿縁奇縁」と題した対談の企画を提案したのは、こうした思いからだった。さきに司馬さんから怒られた話を紹介したが、修二さんは、宮本常一さんから、「六〇歳まで、いっさい、ものを書くな」と止められていた。ところが宮本さんが亡くなったあと、『花猿誕生―道ゆく芸能をもとめて』（村崎修二編著、清風堂書店出版部、一九八六年）という一冊を出版した。編者とはいえこれを知った司馬さんが怒ったというのだ。以来ますます頑固に宮本さんの戒めを守った。

しかしその戒めを破ったことがある。二〇〇三年、修二さん五六歳のときだ。私の所属する部落解放同盟上の島支部（兵庫県尼崎市）での講演を依頼した。「もうすぐ六〇歳、いよいよこれまでの歩みを記録していかないと」と何回か口説いてはいたが、やっと決心して「太田ちゃんとこだったら」と引き受けてくれた。しかし、その約束が実現するまでに、その後、一〇年以上が必要だった。

さて、その講演準備のメモを見たとき、こりゃたいへんだと思った。複雑な人脈図。それぞれのときの、それぞれのキーワードの膨大なメモ。案の定、とっても講演の持ち時間一時間半では終わらない。講演は、自分の出身から演劇青年だったこと、解放同盟の専従だったときに出会った小沢さんと猿まわしのこと、それにさきにもあげた方たちとの出会いにも少しふれて、時間が来た。ところが意外にムラのおばちゃんには好評だった。わかりやすい話だったからだ。これで弾みがつくと思っていたところ、思いがけないアクシデントが起きた。わが支部で講演した翌日に徳島に渡り、阿波木偶箱でこまわしを復活する会と共演の前日に呑み席で倒れた。動脈破裂。絶望かと思えたが奇跡的に命をとりとめた。しかし修二さんは執筆どころではなくなった。ところが長男の耕平くんが二年後に猿まわしとして見習い志願。二〇〇七年、村﨑耕平・夏水《なつみ》コンビがデビューした。ここから耕平くんが猿をまわし、修二さんは一歩下がって一緒に旅をするスタイルが始まり、いまにいたる。

修二さんたちがやってきたことは、部落の文化の掘り起こし復活の域を越えて、日本の文化に新たな一ページを加える大仕事だ。とくに一九六〇年代の高度経済成長社会にあって日本の暮らしは大きく変化し、「三種の神器」と言われた洗濯機、冷蔵庫、テレビが家庭に備えられると、住人の視線のさきにはテレビ画面という「神」が座っていた。かつて人びとは、玄関をガラガラと明けて「おめでとうございます」と飛び込んでくる門付け芸能者を祝人《ほかいびと》として迎え、福をもたらすと信じていたのが、いまや玄関に背を向けてしまったのだ。こうして門付け芸、大道芸が退場を余儀なくされ、祝人が訪れる文化土壌は崩壊していった。

猿まわし復活への挑戦は、司馬さんが言われたように近代日本への挑戦であり、文化革命なのだ。いまも、猿舞座は、里めぐりの旅を続けているが、宮本さんは、「猿まわしも三代続けば、文化になる」と言ったという。耕平くんは「ぼくで二代目。まだ文化になっとらんのです。ぼくの子どもの時代にやっと宮本先生の言葉が現実となるんです」と達観ともいえる言葉を笑いながら発する。たしかに無謀とも思える挑戦と長い道のりであることに変わりはない。

◎――復活の旅のなかでめぐりあった人たちと対談

この対談は、やっと修二さんの記憶にあるものを取り出して形にする第一歩だと思っている。残念だが宮本常一さん、今西錦司さん、司馬遼太郎さん、網野善彦さんなど、重要な方が故人となられ、こんどは小沢昭一さんまで亡くしてしまった。しかし対談を受けていただいた方がたは、村崎修二の猿まわし復活の道程で出会った方ばかりで、文化や芸能を語りあってきた方がたである。

織田紘二さんは、「周防猿まわし緊急調査報告書」（一九七九〜八〇年）の調査メンバーとして加わり報告書を書かれた一人だ。「芸人部落の系譜―猿まわしの研究」＊（『藝能』九

＊11頁の本文参照

巻八号から一〇回連載、一九六七年）も発表され、猿まわし研究の基本論文としてその価値は高い。その後、歌舞伎にかかわり、作、演出もされる第一人者だ。国立劇場の理事を務められていたとき、この対談のためわざわざ、山梨県内の下部温泉まで来ていただいて実現した。高石ともやさんは、日本のフォークソング草分けの歌手。この対談には異色に思われるが、修二さんと一九七一年に出会い、猿まわし復活をずっと見届けてこられたのが高石さんである。青木孝夫さんは日本のトップを走るプロの和太鼓グループ「鼓童」の代表だ。これもなぜと思われるだろうが、宮本常一さんの「お達し」だと修二さんは言う。宮本さんは猿まわし復活と和太鼓演奏の創造は、日本文化な基本になるものだと両方に肩入れされた。宮本さんが青木さんと修二さんを結びつけた。浅野俊夫さんは、修二さんが京大霊長類研究所およびモンキーセンターに出入りしていたころの動物行動学の研究者。チンパンジーの言語研究で第一人者、今西錦司さんにつながる方として対談に出ていただいた。大阪まで来てもらった。

まだまだほかにも修二さんが語り合いたい方がいたが実現できなかった。とくに河合雅雄さんは今西錦司さんとの付き合いグループのなかでは最高齢。ご健康を考えると断念せざるを得なかった。また永六輔さんは、小沢さんと並んで猿まわし復活の理解者であり、芸能に対するよき助言者だった。永さんの現在の健康を考えると、これもあきらめざるを得なかった。しかし一昨年、織田紘二さんが舞踊「愛猿記」を書き下ろされ、上演されたおかげで、公演の前に、小沢昭一さんと織田、村崎の鼎談が実現できた。猿まわし復活時の思い出を当時かかわった三人で語り合えたことは、幸運だった。この鼎談が本書に収録できた。

宮本常一さんの戒めを解いて、修二さんの猿まわし復活への道程を対談としてまとめることができた。現在、全国に猿まわしが四〇〇組ほどあるという人がいる。たしかな数字はわからないが、ずいぶん増えていることはまちがいない。修二さんたちの始めた周防猿まわしの会が結成された一九七七年から三八年、しかし宮本常一流に言えば道半ば、司馬遼太郎流にいえば、近代へ抗う文化革命は成功しているのか回答は出ていない。

◎――猿まわしの歴史

そもそも修二さんが復活しようとした猿まわしとは、どんな歴史を重ねていまにいたっているのだろうか。

猿まわしが文献資料に登場した初見は『吾妻鏡』の寛元三（一二四五）年四月二一日条とされている。「左馬頭入道正義（足利義氏）、美作国の領所より将来の由を称し、猿を御所に献ず。かの猿、舞踏すること人倫のごとし。大殿（前将軍藤原頼経）、ならびに将軍（頼嗣）家御前に召覧す」（原文は漢文、飯田道夫『猿まわしの系図』人間社、樹林舎叢書、二〇一〇年）とある。つまり猿が将軍たちの前で芸をしたというのである。それも美作（岡山県）から来た猿と猿使いだという。絵画資料はもっと古く『年中行事絵巻』＊にみることことができる。つまり八〇〇年以上前にすでに猿まわしが存在し、猿に芸をさせる人間がいたことになる。猿は、馬の病気を治すと信じられた中国の故事にもとづき、推古期（七世紀）にすでに厩《うまや》に猿をつないだともいう伝聞もあり、大和には小山判官政氏という人物がいて、彼が猿まわしの元祖だという伝説がある。

＊『年中行事絵巻』17頁の注参照

「一遍聖人絵詞伝」の厩馬図屏風、「石山寺縁起絵巻」（「厩」部分）は、貴族の厩に猿がつながれている様子が描かれている。一方、『吾妻鏡』には「舞踊すること人倫のごとし」とあるように、猿が人間と変わらない舞いをしたというのだ。つまり、猿は馬の厄を祓い、馬を病気から守るという呪術的な存在であると同時に、その猿が宮廷などで芸をしていた。

猿まわしは室町期（一三三六～一五七三年）になると町中に登場したことは文献からもあきらかで、織田信長が上杉謙信に送ったとされる狩野永徳が描いた「洛中洛外図」（永禄八年、一五六五年）には二カ所に猿まわしが登場する。ひとつは町を歩く三人の男の猿まわし。犬に吠えられ、肩に乗る猿やおびえて逃げる猿が描かれている。もうひとつは家の中に一匹の猿が入り込んでいる。ほかの二匹は玄関先で座って待っている。家に入り込んだ猿は、笠をかぶり直立して何やら芸をしている。奥で母親と娘らしき人が猿を見ている。猿まわしが脇差らしきものを差している姿はたくさんの絵画史料にでてくるが、武士の家の馬小屋の厄を祓う役目を持っていることを誇示した表れと理解されている。また、さきの家の中に入り込んだ芸猿を見ると、いわゆる大道芸（広場、寺社の境内などでおこなう）と違い、一軒一軒家の中に入り込む、いわゆる門付け芸もしていたことがわかる。猿まわしにはドタ打ち（大道）とバタ打ち（門付け）があったと修二さんたちから聞かされている。現在、修二さんたちが復活させた猿まわし芸は大道芸のみで、門付けをやる猿まわし芸は復活できていない。修二さんは「掌《てのひら》に乗るような子ザルをもって家に入るとみんなが拝むように迎える。先輩からこうした門付けもあったと聞かされたが、実現しちょらんのう」と言う。一歳未満の小さな猿に巡りあわないとこの

洛中洛外図屏風。上杉本（米沢市上杉博物館所蔵）

芸は実現できない。大きくなると危険で期間限定の芸。そううまく猿を手に入れることはむずかしい。

話はそれたが織田信長の時代には、すでに門付けをしたり、刀を差した猿まわしが宮廷や武家屋敷以外に洛中（町中）に登場するほど庶民のなかに溶け込んでいたことになる。中世末期の盛んになる狂言にも、「猿替勾頭」「靫猿」という演目があり、猿まわしが登場する。これが近世、江戸期に入るとより盛んになり、おそらく猿まわしの全盛期といってもいい時代を迎える。その芸態、担い手、風体、さまざまな様相をみせる。

◎――猿まわしの役割と身分

近世の猿まわしは、社会的身分として、猿飼または猿曳きなどと呼ばれ、集団を形成し居住していた。さきに述べたように猿まわしは、もともと厩のお祓いからきている。武士が支配する近世社会では、城をはじめ武家屋敷には馬小屋が必ず存在する。そこの厩を節季（正月、節分など）に厄祓いをしてまわるのが猿まわしの役目である。「猿まわし」と書いたが、猿を扱い、芸をする行為を示しこう呼ぶが、集団の呼称として猿曳き、猿引き、猿牽、猿飼、猿太夫、猿屋などさまざまあった。集団として村を形成したり、「猿屋町」といって城下町内に町を形成している場合もあった。仙台市内には通りに「猿曳丁通り」という名が現在もつけられているが、近世には「猿曳町」が青葉城下にあったことがわかっている。いまはもちろん町はなく猿まわしする人がいるわけではない。

江戸では、長吏頭・矢野弾左衛門屋敷が浅草にあり、その「垣内《かいと》」に猿曳きが一五軒住んでいて、猿飼頭・(滝口)長太夫と(小川)門太夫がほかの猿まわしを仕切っていた。また猿まわしは身分として存在し、なおかつ長吏(「穢多」)の配下でもあった。各地でもかわた・長吏に支配されていた例があるようで、その全体像はまだわかっていない。

九代目小川門太夫の回顧録が「猿舞と御殿女中」(猿曳門太夫談)という題で『風俗研究』(五七号、一九二五年二月一日発行、内外出版)に掲載されている。明治維新を潜り抜けた九代目によると、江戸城には正月、五月、九月の三度将軍家のお厩祓いをおこない、さらに徳川御三家(尾張、紀州、水戸)、御三卿(田安、一橋、清水)、諸大名、旗本の各屋敷まわりをして年中忙しく、食い扶持に不自由はなかった。将軍家のお祓い料は「七九石八升のお扶持米」で、猿は米一〇俵、豆三俵を得たというから、けっこうな稼ぎだった。知られているように江戸城には正月五日、三河から来た萬歳が上がる、そのあとが猿まわしの登場で、もちろんお祓いのみでなく芸も見せたのは当然だろう。

御三家のひとつ紀州藩には、二つ猿飼村が確認されていた。貴志の甚兵衛(梅原村)と粉河町上田井に「猿屋垣内」。上田井は広大な屋敷(現在は学校の敷地)があったことがわかっている。対談にも登場してもらった織田紘二さんが紹介したこの二つの猿飼村は、紀州藩で活躍した有力な猿飼で、「紀伊国名所図会」には、袴をはいた猿使いが何人も登城する様子や、座敷で衣装を着た猿が傘をかぶり優雅に舞う姿まで見ることができる。その演目も、「三番叟」「石堂丸」「安珍清姫日高川」「綱わたり」と「厩祓い」。芝居物、曲芸などもすべてそろえた立派な芸猿であることがわかる。ちなみに山口県では、近世には萩藩(日本海側)に三七軒の猿飼村があったが、明治維新以降、忽然と消える。このことはあとで少し触れる。

1984年、佐渡で春駒の聞き取りをする。左から小沢昭一、村崎修二、一人おいて春駒伝承者の高橋清、寺尾作治（提供・村崎修二）

江戸中期の国学者・谷川士清《たにかわことすが》が「侯家に必猿まわしを扶持する。厩馬の用也」（『倭訓《わくんの》栞《しおり》』「猿回し」の項）と言っているように宮中、大名、武家屋敷には必ず猿まわしを置いておかなければならないものだった。

また節季には猿まわしが、伊勢神宮のような神社、城下町、村々に必ずやって来てお祓をし、芸を見せる。農民が収穫で忙しい秋の農繁期に収穫を祝う猿まわしもやってきた。（『日本農書全集』「農業図絵」に収録）

江戸時代の猿芸を見てみるとじつに多彩で、猿が馬の上に乗る曲馬、猿芝居では歌舞伎の役者の真似をする小屋掛けがあったという。織田紘二さんは、七代目市川団十郎がこのごろ浅草で自分の真似をしている芝居が掛かっていると聞いて見にやったところ、猿が団十郎の真似をしていたというエピソードを紹介している。女猿まわしも絵画資料にある。さきの『猿まわしの系図』を出された飯田道夫さんは、厩の祈禱をする猿まわしと、町中や村々で芸を売る猿まわしと、二種類の猿まわしがいると想定して、とくに江戸城などに上がる猿まわしは賤民ではない、と主張されている。飯田さんの密な研究に敬意を払うが、猿まわしに賤民と非賤民の二種類があったとは思われない。それにしても、祈禱する猿、芝居を演じる猿、曲芸をする猿など、じつに多彩な猿まわしがいたことか。

◎――山口県の猿まわし

さて山口県内の猿まわしを近世から近代にかけて概観してみよう。近世、周防、長門を毛利一族が治めていた。その支藩に萩藩があり、藩内に三七軒の猿飼村があったことがわかっている。この猿飼村が明治以降、忽然と消えたことはさきに書いたが、はたして三七軒の猿飼は、どのように幕末期を生きのび、明治維新を迎えて、なぜ消えてしまったのか。『花猿誕生』では、猿まわしの芸が萩（日本海側）から、明治以降に瀬戸内の熊毛郡一帯の被差別部落に移動し定着したとする見方は実証できておらず、「あくまで推測の域を出ていない」（『花猿誕生』八一頁）と書かれている。近世の猿飼村が近代以降どうなったのか、いまのところその史料はみつかっていない。

ところで、最近では被差別民の伝統芸能が語られることが多くなったが、その伝統芸能が中世から現代まで直線につながっているかのような被差別部落の文化（誇り）論が展開されているのには、修二さんも私も大いに閉口している。教科書でさえその類が多い。能・歌舞伎、庭師などが現在の部落問題と直結するような書き方がされていたりする。

中世・近世と近代における芸の担い手の連続と非連続をしっかりと踏まえたうえで語られなければ、社会史として正確に伝えることにはならない。なんと大雑把な被差別民芸能論が闊歩していることか。その誤解を解くひとつの好例が山口の猿まわしの歴史だと思うのだが、残念なことに証拠（史料）がない。

修二さんが芸を継承しながら歩き、調べたところから見えてきたことを、ここで思い切って公表することにする。たしかに、それは「推測の域は出ていない」が、検証に値する「推測の域」であると信じるからだ。

修二さんは、幕末期長州藩の歴史に着目する。知られているように高杉晋作の奇兵隊をはじめ、明治の開化に向かって長州藩は武士だけでなく町人や百姓も軍隊に参加し闘った。そのなかに近世の被差別民であるかわた（穢多）や茶筅《ちゃせん》が独自に隊を作って闘ったことはよく知られている。* 修二さんの故郷、光市や熊毛郡一帯でも、かわたも兵をとして幕府側と闘ったのである。当時、猿飼はかわたの支配下にあることから、萩の猿飼もかわたとともに当然参加したのではないかと考えられる。

このように幕末期に長州藩あげての闘いを共に潜《くぐ》りぬけた萩の猿飼は、明治時代という近代を迎えたが、日本海側にいた猿飼たちが、なぜ、またいつごろ瀬戸内の被差別部落（旧かわた村）に定住し、猿まわしを自ら始めたのか、または被差別部落の人たちに教えたのかはっきりわからないが、そうでも考えないと、近代になって熊毛郡一帯の約六〇もの被差別部落に猿まわしが忽然と現れるのは説明がつかない。修二さんは、旧熊毛郡の被差別部落の墓石を調べたことがある。そのなかに萩にいた猿飼とつながる名前がいくつも確認されたというのだ。部落の墓石が右に述べたことを物語っている。これが修二さんがひそかに温めている「推測の域」の部分なのである。

猿まわしは動物を扱うだけに一朝一夕にできる芸ではない。だから猿まわしはほかの門付け、大道芸と違い、長く生き残れたとも思える。それだけに芸の継承も近世の経験者がいないと近代につながらない。彼らが被差別部落に定住したと考えると、芸の継承は可能となる。熊毛郡では一八七一（明治四）年すでに猿まわしが登場した記録がある。猿飼身分から被差別部落へ猿まわしは受け継がれたとみるのが必然ではないか、と私は考えるのだが。

*たとえば、被差別部落民だけで編成された維新団、一新組、茶筅により編成された茶筅隊など。布引敏雄『長州藩維新団―明治維新の水平軸』（解放出版社、二〇〇九年）参照

◎――近代の猿まわしと山口の「じょうげゆき（上下行き）」

明治に入って厩祓いの得意先である武家社会がなくなってしまった。そのため猿まわ

しは役目（役負担）から解放されるが、そのことは同時に仕事を失ったことになる。萩の猿飼村のように村がなくなったところも全国にある。近世の文献には残っているが、地元にはその痕跡が見あたらないところがいくつもある。研究もないので、明治維新とともに猿まわしを廃業したのか転業したのかほとんどわかっていない。

紀州でかなりの力を持っていた猿飼村も一九〇〇（明治三三）年ごろまでは続いていた。さすがに徳川家を御祓いしていた浅草新町の猿飼は、明治以降、昭和の初期ぐらいまで小川門太夫の弟子にあたるものが続けていた。

九代目小川門太夫は、さきの『風俗研究』に山口の猿まわしについてつぎのような注目すべきことを語っている。「もう二十餘年にもなりませうがあれは皆、山口縣の百姓ださうですが、夫々親方があって、それに連れられて東京に稼ぎに来るので一月に市中を廻り、二月になると、一月遅れの正月をする田舎を廻り、夫れから舊（旧）正月をする地方を歩いて、五月時分百姓の仕事が忙しくなる頃迄に、それぞれ國へ帰って行くさうです」

小川門太夫は、一九〇五年ごろ山口から東京に来た猿まわしを目撃したというのだ。

修二さんたちの調査では、旧熊毛郡一帯の被差別部落の猿まわしについては一八七一（明治四）年の記録にすでに見かけ、一八七五（明治八）年には「遊芸」鑑札を受けたことがわかっている。被差別部落の猿まわしは、南は鹿児島、東は東京を越えて、北は北海道、樺太まで出かけた。これを「じょうげゆき（上下行き）」と呼んだ。行商と一緒に数人で組を組んで旅をする場合や、夫婦で、妻は椿油の行商、夫は猿まわしをしながら旅をする場合もあるという。

こうした猿まわしには、親方と親方につく調教師、それに直接芸をさせる猿まわしがいる。このシステムは、近世から変わらない。じょうげゆき（上下行き）に出る猿まわしは、調教した猿を借りて出かける。売り上げは親方に渡さなければならない。けっして楽に儲かる商売ではなかった。仕事がつらくて猿を括りつけて、どこかに消えた猿まわしがいたという話しもある。一五〇頭もの猿がいたという話もあり、相当の数の猿まわしが「じょうげゆき（上下行き）」に出ていたと考えられる。

全国的にみると、東京では小川門太夫につながる猿まわしが昭和初めまで活躍していた。その後は、近代から始まった山口の被差別部落の猿まわしがとってかわって全国展開し、昭和初期には全盛をむかえる。修二さんの祖父梅二郎さんは、猿まわしの親方だったと先輩猿まわしから教えられたという。またお父さんが戦前和歌山の地元の新聞記事に載っていたと知らせてくれた人がいた。「べそをかいた猿まわし」との見出しにある記事には、猿まわしが猿を逃がしてしまい、泣きべそをかいたと書かれていた。じつは修二さんは、祖父が猿まわしの親方だったことも、まして父が猿まわしだったことも知らなかった。

戦時下、猿まわしはまったくできなくなった。猿まわしが許されるような雰囲気ではなくなったのだ。それが影響したのだろう、戦後はほとんどが廃業した。キャバレーのショーなど、形を変えて続けていた人がいたが、それも一九六七、八年にはほぼ消えた。

それが一九七〇年、小沢昭一さんが光市を訪れ、村崎義正、修二兄弟と会うことから、民俗学者宮本常一さんの助力が加わり、一九七七年「周防猿まわしの会」の結成で、再び復活を果たしたことは知られているところだ。ところが会内部に矛盾が露呈した。修二さんは、「会の発生当時から、とくに宮本常一先生から、猿のもち込み方について、とくに旅のしかたについて強い主張がなされていたこともあって、会の内部では会の活動が、経済活動なのか文化運動なのかという点で、その方向をめぐって対立が形成されはじめた」(『花猿誕生』、六八頁)と書き記している。村崎修二、筑豊大介、瀬川十郎、形岡瑛、若狭道之助さんが周防猿まわしの会から脱退、宮本常一さんの想いを受け継ぐとして一九八三年、猿舞座を結成した。

猿舞座を名のる村崎修二、耕平、そして筑豊大介さんは、先輩猿まわしから教わった「本仕込み(やわ仕込み)」という調教法によって猿を訓練する。ほかに「にわか仕込み(たたき仕込み)」という調教法があって、さきの三人以外は後者の調教によっている。それとともに道行きの芸、里めぐり、あるいは大道芸のスタイルを宮本さんと先輩猿まわしの遺言として守っている。

太郎・次郎コンビが芸能界で受け、また日光猿軍団は、子ザルを使った「猿の教室」なる独自の猿芸を初めてテレビなどで有名になった。いまでは、修二さんたちも知らない猿まわしの組が生まれているという。猿まわし芸のビデオか何かを見て独自に始める人もあるようだ。一方、道行きの芸としの猿まわしにこだわった猿舞座は、村崎修二、耕平親子と筑豊大介さんがいる。猿の調教も「本仕込み」の方法をとり、伝統を踏まえながらいまに生きる猿まわしの道である。修二さんたちが始めた猿まわし復活は、いま新たな創世期を見ているのかもしれない。

あとがき

猿まわし復活に挑んで、先輩方に聞いて回ることを始めたとき、故郷の大先輩で「ふるさと」という詩を書いた詩人・丸岡忠雄を忘れるわけにはいかない。猿まわしの「じょうげゆき（上下行き）」を見てきた世代の丸岡さんは、先輩の猿使いの前で、巧みに猿使い同士の隠語を駆使して、一度封印した彼らの心を解いた。その貴重な聞き取りを丸岡さんが文章を整え、一九七五年に「周防じょうげゆき考」として『季刊　藝能東西』に発表した。

それから四〇年、また猿舞座を結成してから三〇年。長年の旅の無理がたたったのだろう、ここ数年、大病をし、入院を繰り返してしまった。

しかし猿まわし復活の旅は、苦労も多いが楽しい旅だった。できるかぎり高速道路を使わず、下の地道を旅するのが好きだった私は、よく寄り道をした。海、山、野の花のあるところで停まると、車のドアを開け、猿といっしょにその景色と風を楽しんだ。

南は沖縄から北は北海道まで、多くの方がたにお世話になりながら、宮本先生の言う「里めぐり」を実践してきた。この本を著すことは、ひと区切りではなく、まさにもう一つの仕事を越えた気がしている。心よく対談に応じて下さった織田紘二、高石ともや、青木孝夫、浅野俊夫の皆さんは、こうした私の旅の屋台骨を支え、励ましてくださった先輩たちであり、友人である。お忙しいなか話していただいたことに心より感謝したい。

この本の締めくくりは、当然小沢昭一さんのはずだった。ところが私がもたもたしているあいだに、二〇一二年一二月、旅立たれてしまった。幸い同じ年の三月、小沢さんの生前に、村崎、織田との鼎談が記録されていた。それは織田さん作・演出の新作舞踏「愛猿記」が始まる前の鼎談だった。舞踊家・橘芳慧さんの女猿まわしの舞台だった。小沢さんのご遺族と橘芳慧さん、織田さんの御好意で、この鼎談を収録することができた。

また、この本を作るにあたって、私と二〇年以上旅をし続けている上島敏昭さん、また旅の途中のお宿を必ず提供して、一献かたむけ続けてくれた太田恭治さんにお礼を言いたい。このお二人の励ましがなかったら、本はゴールにたどり着かなかっただろう。むしろ二人と一緒に作った本だと信じている。私の一区切りではなく、一緒に越えたひと仕事だと思っている。

最後に、この本の出版にあって解放出版社およびとくに編集を担当していただいた綱美恵さん、金井宏司さんにお世話になったことを心より感謝したい。

二〇一五年一月三〇日

村崎修二

2013年	4月	12日～14日、篠山市内各地（王地山公園、河原町など）、四季の森会館ホールなどで、「小沢昭一さん追悼－道行きの芸能・里めぐりの旅」。出演：伊勢万歳・村田社中、猿廻し・猿舞座（筑豊大介、村﨑修二・耕平）、人形まわし・阿波木偶箱まわし保存会、大道芸・浅草雑芸団、特別ゲスト：高石ともや。 全国巡業は、ほぼ例年通り。
	7月	心臓のバイパス手術を実施。
2014年	1月	大動脈瘤の切除。その後、数回に分けて手術。そのため、例年の全国巡業は、短縮。
	7月	北海道･東北の巡業後、耕平が二匹の子ザル（椿と環）の仕込みを開始。

（年表制作　上島敏昭）

2009年	春	九州。
	5月	熊本巡演。つづいて萩市巡業、さらに金沢、能登巡業。
	6月	下旬から7月上旬まで、東北・北海道巡演。
	7月	宵々山コンサート（中締めの会）に呼び込みとして参加。
	8月	親からはぐれ近所で保護された生後まもない子ザルを預かる。「春ちゃん」と名づけて一員に。
	10月	25日、岩国市玖珂で「再流」公演。「年忘れ太鼓ワールド」のメンバーが再会し、韓国音楽・舞踊、日本の民俗芸能の交流。
	11月	北信濃を巡演。
2010年	春	九州。
	5月	萩市明木を拠点に長門地方を「里帰り公演」と名づけて巡演。
	6月	前年の青森につづき、秋田県で公演し、全都道府県で猿まわし実演を達成。
	7月	北海道（帯広、旭川、空知）巡演。北海道からの帰路、苫小牧から八戸へのフェリーで仙水、事故死。
	10月	10月から11月、静岡、北信濃巡演。静岡県内の人権啓発公演が以後、恒例に。
2011年	3月	11日、東日本大震災。翌日、広島県三原市、翌々日・大阪府四條畷市で公演。
	春	九州佐賀県鹿島市のお花見。5月、昨年に引き続き萩市を拠点に「里帰り公演」。
	7月	京都・円山音楽堂「宵々山コンサート」第30回をもって終了。呼び込みのお囃子だけでなく、松尾大社で猿まわしを披露。
	8月	8月から9月にかけて、北海道公演。宮城県の被災地でも公演。
	10月	山梨県下部温泉で、織田紘二、橘芳慧、本條秀太郎らに猿まわしを見てもらう。
	12月	武蔵野美術大学で公演。
2012年	3月	「橘芳慧の会」（国立劇場）で織田紘二作「愛猿記」を公演。舞踊・橘芳慧、音楽・本條秀太郎。鼎談に、小沢昭一・織田紘二・村崎修二、出演。
	4月	萩市を拠点に「里帰り公演」。
	5月	能登公演。六月、福島公演。
	6月	6月から7月、東北・北海道巡業。
	8月	親をなくした子ザルを2匹（椿、環と命名）を飼育開始。
	12月	小沢昭一、没。

1994年	7月	高石ともや、永六輔らが京都・円山音楽堂で「宵々山コンサート」を再開。呼び込みのお囃子として、以後、毎年参加。
	12月	初代安登夢、事故で死亡。
1995年	1月	17日、阪神淡路大震災。
	3月	2代安登夢、デビュー。
1996年		今福優との5年間におよぶ太鼓研究の成果を「ニッポン太鼓風土記」として集大成し、各地で公演。12月の「年忘れ太鼓ワールド」で締めくくる。
1997年	4月	佐渡の旅を再開し、8月の鼓童「アースセレブレーション」に出演。伝承芸能の消息を検証しつつ、「里めぐり」公演を精力的に展開開始。
1998年	8月	佐渡全島の「里めぐり」を敢行。
2001年	8月	佐渡で「芸能大学」開催。10日間。佐渡の芸能（鬼太鼓、ちょぼくり、春駒、つぶろさし、ほか）、筑豊大介、伊勢大神楽、高石ともや、鼓童、高橋竹童、星野正吉、浅草雑芸団、民族歌舞団「花こま」、八丈太鼓などが参加。三隅治雄、西角井正大、米山俊直、岩井宏實、田村善次郎ら、研究者も参加。
2002年		春、能登半島の旅を開始。村おこし・祭りづくりの協力。
2003年	8月	能登・輪島金蔵万燈会、発足。信州伊那谷、甲州身延で中村正公・多恵子夫妻らと民俗芸能を素材とした「野の花の記憶」を公演。
	10月	徳島で阿波デコ箱まわし保存会との公演前夜、大動脈解離で入院。
2004年	1月	2日、東京国立博物館で、申年の新春イベントに招待出演。
	夏頃	押しかけコンサートを始め、各地をまわる。
	10月	伊勢・猿田彦神社「おひらきまつり」に、細野晴臣、雲龍、鎌田東二らの誘いで招かれて奉納。シンポジウムで河合雅雄と再会。
2005年	11月	長男・耕平、見習いとして旅に同行開始。翌2006年2月、子ザル（夏水と仙水）を京都嵐山より引き取り、飼育開始。
2007年	7月	村﨑耕平・夏水コンビデビュー。周防大島の里めぐりで修行開始。 この年、2代目安登夢、引退。修二・仙水コンビの誕生。
2008年	春	九州と関東巡演。
	4月	21日、宮本常一が教鞭をとっていた武蔵野美術大学で、宮本の弟子の相沢韶男と関野吉晴に招かれて公演。
	初夏	近畿、東北、北海道を巡演。
	7月	東京・浅草木馬亭で「猿まわし復活・考」公演（浅草雑芸団と共催）。小沢昭一・高石ともやと共演。以降、猿まわし実演は、耕平・夏水コンビが中心となり、修二はサポートにまわることが多くなる。
	8月	山梨県身延巡業。9月、浜松・磐田巡演。10月、徳島巡演。

1988年	8月	長野県美麻村（現・大町市）で伊勢大神楽、サムルノリと共同ワークショップ。伊勢大神楽、猿舞座、サムルノリの記録映像をグループ現代が撮影。
	秋	今西錦司の提唱により「おサルの学校」の題名で幼稚園から大学まで歩き始める。同時期に、高石ともやと再会。ジョイント公演を始める。この年、太郎・ジローの「反省！」がブームに。
1989年	12月	「高石ともや年忘れコンサート」（読売ホール）にゲスト出演。
		この年、伊勢大神楽の山本源太夫の激励で、年間300日動き、実働189日、公演回数560回を数える。
1990年	2月	村崎義正、逝去。
	6月	大阪・花の博覧会に、高石ともやの招きで長期出演。高石ともやとのジョイント公演「おもしろ人間学コンサート」を各地で開催。
	7月	「ほおずき市大道芸フェスティバル」（浅草木馬亭）にゲスト出演。
	8月	鼓童主催「アースセレブレーション」の特別フリンジ公演に出演。
	9月	「伊勢大神楽東京公演」（上野東照宮＆雑司が谷鬼子母神）を企画・主催。
		この年、日光猿軍団、結成。
1991年	7月	京都・歌舞練場の「宵々山フォークミーティング」に出演。これが契機となり、高石ともやの島原災害支援ロードコンサートをバックアップ。
	9月	香月洋一郎・佐藤佳子編『猿曳き参上～村崎修二と安登夢の旅』（平凡社）刊行。
		この年、高石ともやと初渡韓。サムルノリの金徳洙と再会。
		この年、文化庁芸術祭で、村崎太郎・ジローが芸術祭賞受賞。
1992年	2月	高石ともやとイギリス、アイルランドを旅する。ロンドン・コベントガーデンの大道芸人・ペペに感動する。
	8月	宮本常一没後10年で芸能大学瀬戸内版「道ゆく俳優（わざおぎ）たち」を、広島県厳島で開催。サムルノリ、伊勢大神楽と共演。
	10月	大阪人権博物館の「猿の文化史」に協力、出演。広瀬鎮と対談。
	12月	この年より5年間、柳井市で「年忘れ太鼓ワールド」を主催。上島敏昭とともに道ゆく芸能研究を展開。
		この年、今西錦司（6月）、北川鉄夫、逝去。
1993年	8月	韓国・大田万博の「世界太鼓フェスティバル」に、今福優を中心に和太鼓チーム「うずしお」を結成して出演。
		この年、宮本常一希望の「里めぐり」の伝統再興を模索して、上島敏昭とともに活動を始める。

1979年		この年、宮本常一、牛尾三千夫の提唱で、緊急民俗調査を始める。団長＝三隅治雄、調査員＝広瀬鎮、中村茂子、丸岡忠雄、織田紘二、福永常宏、村崎修二ら。
1980年	3月	「周防猿まわし緊急調査報告書」（山口県教育委員会編）刊行。
	10月	宮本常一の提唱で周防大島の東和町で「郷土大学」が始まり、鬼太鼓座と猿まわしの公演をおこなう。
1981年	1月	宮本常一、逝去。
	3月	国立劇場「道ゆく芸能」（芸団協主催）に参加。村崎太郎・ジローと柿原新吉（村崎修二）・ツネキチの二組出演。司会＝小沢昭一。
	4月	村崎修二ら、周防猿まわしの会を脱退。まもなく、埼玉県所沢市で「すかぶら衆」を結成。東京・十条の篠原演芸場で公演。
	10月	山口県周東町（現・岩国市）に「猿舞座準備会」を興し、全国に協力を呼びかける。北川鉄夫、高松圭吉、広瀬鎮、宮本千晴ら、協力を約す。
1982年	8月	筑豊大介・チョン平のコンビ、周防大島でデビュー。五月三郎の指導で、筑豊大介、瀬川十郎、チョン平、ロクスケ、ヒト、サル、ともに育成される。
1983年	8月	1日、「猿舞座」正式発足。代表＝村崎修二、事務局長＝形岡瑛、メンバー＝筑豊大介、瀬川十郎、若狭道之助、五月三郎。
	11月	総見の会を開き、大介・チョン平組、十郎・ロクスケ組の仕上がりを、丸岡忠雄、北川鉄夫、形岡瑛、五月三郎、西弘武一が検証する。
	11月	国立歴史民俗博物館「江戸の祝福芸」に出演。水戸大神楽、三河萬歳と共演。
1984年	8月	佐渡で「芸能大学」を開催。網野善彦、本間雅彦、佐藤美津雄らが協力。春駒、ちょぼくり、つぶろさしなどの郷土芸能と共演。
1985年	5月	丸岡忠雄、逝去。
	12月	早稲田銅鑼魔館（館長・森尻純夫）「猿まわしに関するシンポジウム」に参加。今西錦司、郡司正勝らの呼びかけ。
1986年	5月	村崎修二編『花猿誕生』（清風堂書店出版部）刊行。
	8月	京都･福知山で「芸能大学」開催。狂言の茂山千之丞らが協力。この年、周東町田尻の旧農協を改築し、宮本千晴を校長に、モンキースクールを設立。この建物が現在の「光猿館」となる。
		この年、映像による『小沢昭一の新・日本の放浪芸』発売。瀬川十郎・ロクスケ組が出演。
1987年	9月	修二、初代安登夢とのコンビで旅を始める。大阪などを巡回。この年、ソニー・ウォークマンのＣＭ「瞑想する猿」が話題に。

年表　村﨑修二の猿まわし復活の道のり

1947 年	6 月	山口県光市で生まれる。
1968 年		東京での演劇を中断、光市に帰って解放同盟山口県連の専従を始める。
1970 年	12 月	小沢昭一、光市を訪問。村﨑義正、修二兄弟と会い、猿まわし芸人とのセッティングを要請。
1971 年	1 月	小沢昭一、光市を再訪。修二のセッティングで、かつての猿まわし芸人（磯崎武雄、西岡勲、野村二重、浜田舟一、吉村員雄）と懇談し、録音。この年、この録音が収録された『ドキュメント　日本の放浪芸―小沢昭一が訪ねた道の芸・街の芸』発売。レコード大賞企画賞を受賞。
		1969 年のヤマハ・ライト・ミュージック・コンテストで、赤い鳥「竹田の子守唄」のグランプリ受賞に触発され、上田達生らとフォークグループ「獏」を結成。この年の同コンテストに出場し、審査員特別賞受賞。
1972 年		この頃から、末田ミツの協力で猿まわしの古老たちからの聞き取り調査を本格化。同時に、上田達生、山村陽一らと「ひかり蟹の会」を発足し、伝承文化の発掘を開始。
1973 年		高石ともや、笠木透らと交流始まる。笠木透、フィールドフォークを提唱。
1974 年	11 月	丸岡忠雄、江本伸子を中心に「光市地域部落問題研究会」が発足。
1975 年	4 月	小沢昭一、劇団「芸能座」を旗揚げして『季刊　藝能東西』を刊行。同誌で「周防じょうげゆき考」の連載が始まる。1977 年 7 月、連載終了
1977 年	4 月	修二、宮本常一を訪ねる。
	秋	東京・秋葉原で、猿まわし復活の件で宮本常一と小沢昭一、懇談。
	12 月	光市で「周防猿まわしの会」発足。同人＝五月三郎、丸岡忠雄、村﨑義正、三村悟、形岡瑛、村﨑修二、上田達生、村﨑太郎。会長＝村﨑義正。
1978 年		春先より、修二、応援団をつのり、東奔西走。林屋辰三郎、司馬遼太郎らを訪ねる。7 月には、今西錦司と会う。
	8 月	京都・今西邸にて、今西錦司と宮本常一、会談。
	9 月	光市虹の祭典にて、猿まわし復活。「周防猿まわしの会」デビュー。
	10 月	名古屋で、「猿の教育研究会」発足。会長＝河合雅雄。会員＝岩本光雄、江原昭善、浅野俊夫、森梅代、木村賛、村﨑修二、山崎信寿、広瀬鎮、和秀雄。相談役＝今西錦司、宮本常一、四手井綱英。
	12 月	東京・銀座の歩行者天国で街頭公演。この年、ＮＨＫテレビ「新・日本紀行」で特集番組。民族文化映像研究所のドキュメンタリー「周防猿廻し」（姫田忠義監督）完成。

愛猿奇縁

猿まわし復活の旅

2015年4月15日　初版1刷発行

編著　村﨑修二

発行　株式会社　解放出版社

〒552-0001　大阪市港区波除4-1-37　HRCビル3F

TEL 06-6581-8542　FAX 06-6581-8552

東京営業所

〒101-0051　千代田区神田神保町2-23　アセンド神保町3F

TEL 03-5213-4771　FAX 03-3230-1600

振替　00900-4-75417　ホームページ http://kaihou-s.cpm

装幀　森本良成

印刷・製本　モリモト印刷株式会社

定価はカバーに表示しております。落丁・乱丁はお取り替えします。

ISBN978-4-7592-5137-1 C0039 NDC370 231P 21cm